SICHER OHNE STAAT

OLIVER JANICH

cbx

Originalausgabe
2. Auflage 2018

Joseph-Dollinger-Bogen 13
80807 München
info@cbx-verlag.de

Umschlaggestaltung: Oliver Janich
Coverfoto: pixabay
Satz: CBX Verlag
Druck und Bindung: CPI books GmbH, Leck
Printed in Germany
ISBN 978-3-945794-90-6

Inhalt

Vorwort

Die Welt steht Kopf. Überall herrscht Chaos. Viele Menschen fühlen sich von Politik und Massenmedien nicht mehr ernst genommen. Das Vertrauen in Politiker, Journalisten, Unternehmer und Manager ist auf einem Tiefstand. Die sogenannte „Elite“ hat abgewirtschaftet.

Immer mehr Menschen können sich grundsätzlich mit der libertären Idee anfreunden, dass niemand das Recht hat, über andere Menschen zu herrschen. Menschen aus der sogenannten Wahrheitsbewegung realisieren zunehmend, dass es fast ausschließlich staatliche Institutionen sind, die zum Teil haarsträubende Lügen verbreiten, die jedem gesunden Menschenverstand spotten. Die sogenannte „Flüchtlingskrise“ ist hier nur das offensichtlichste Beispiel.

Auch bei den Untaten großer Konzerne und Banken ist es der Staat, der nichts dagegen unternimmt oder ihnen Oligopole oder sogar das Geldmonopol verschafft. Schlimmer noch, diejenigen, die am schlechtesten gewirtschaftet und die Kundenwünsche am meisten missachtet haben, werden noch mit dem Geld der Steuerzahler gerettet. Viele Menschen denken jedoch, es bräuchte nur bessere Politiker oder eine bessere Organisation der Herrschaft, etwa über direkte Demokratie.

In Wirklichkeit ist alles, was wir heute an gesellschaftlichen und wirtschaftlichen Problemen sehen, nur das logische Resultat aus der Tatsache, dass der Staat das Monopol auf Rechtsprechung und damit auf die Wahrheit hat. Doch selbst Menschen, die das einsehen, haben ein Problem damit, zu verstehen, wie die Organisation der Gesellschaft ohne Staat vor sich gehen soll.

In diesem Buch will ich daher so konkret wie möglich beschreiben, was passieren würde, wenn der Staat aufhört zu existieren. Die Kriminalitätsraten würden dramatisch sinken. Die Mafia und der tiefe Staat würden verschwinden. Die Einflussgruppen, sowohl die offiziellen als auch die klandestinen, würden ihre Macht verlieren. Der Wohlstand und die soziale Sicherheit würden drastisch steigen.

Ganz wichtig: Ich werde eine Reihe von konkreten Lösungen vorschlagen, sie entspringen aber nur einem einzigen Gehirn. In einer natürlichen Ordnung ohne Staat arbeiten aber Millionen von Menschen und Unternehmen an der Lösung solcher Probleme. Das heißt, es ist sehr wahrscheinlich, dass es noch viel bessere Antworten auf die hier beschriebenen Fragestellungen gibt.

Ich will Ihnen hier nur Ideen mitgeben. Denken Sie immer daran: Wenn Ihnen eine bessere Lösung einfällt, könnten Sie selber ein Unternehmen oder eine gemeinnützige Organisation gründen. Wenn Sie sich selber nicht in der Lage dazu fühlen, könnten Sie die Idee weitergeben. Sie können sich aber recht sicher sein, dass irgendjemand anders schon längst an der Lösung arbeitet. Wenn ein Problem wirklich existiert, gibt es auch eine Nachfrage nach der Lösung. Es gäbe keinen Staat, der diese Lösung verhindern könnte, wie er es heute schon an unzähligen Stellen tut.

Bestandsaufnahme

Ursprünglich sollte dies ein sehr langes Kapitel werden. Aber die Menge an Informationen darüber, dass etwas gewaltig schief läuft, ist so überwältigend, dass ich gar nicht wüsste, wo ich anfangen soll. Es gibt inzwischen auch sehr viele alternative Medien, aus denen Sie sich informieren können. Da diese aber dank zunehmender Zensur immer wieder verschwinden, werde ich nicht auf bestimmte Medien verweisen. Auf meiner Webseite[1] sind Sie immer auf dem aktuellen Stand. Selbst wenn diese abgeschaltet werden sollte, werde ich sie an anderer Stelle wieder installieren.

Einige Hinweise will ich aber doch geben. Aufgrund der „Flüchtlingskrise" denken vermutlich viele, man müsste nur dieses Problem lösen und alles wäre wieder gut. Das ist grundfalsch. Deutschland stand schon vorher am Abgrund. Wenn beispielsweise erstmal die Milliardengelder im Rahmen des staatlichen Euro-Experimentes fällig werden, stürzt Deutschland schon ins Chaos. Schon vor der Flüchtlingskrise hatten wir ein grassierendes Kriminalitätsproblem, das schon seit Jahrzehnten vertuscht wird.

Schon lange wird beispielsweise nur ein Bruchteil der Einbrüche aufgeklärt. Die Aufklärungsquote liegt seit Jahren deutlich unter zwanzig Prozent.[2] Der Staat rühmt sich bei anderen Verbrechen einer höheren Aufklärungsquote, weil er selbst bestimmt, ob überhaupt ein Verbrechen stattgefunden hat. Wird ein Mord etwa als natürlicher Tod oder Unfall abgelegt, taucht dieses Verbrechen in keiner Statistik auf.

Auf meiner Webseite[3] finden Sie beispielsweise eine Reihe von Fällen, in denen Leichen aufgetaucht sind, bei denen nach Auskunft der Polizei „keine Fremdeinwirkung" festzustellen war. Die Fälle sind zum Teil so haarsträubend, dass bei Leichen, denen der Kopf fehlt, eine Fremdeinwirkung ausgeschlossen wird. Im Einzelfall kann es tatsächlich mal eine Erklärung dafür geben, aber die Masse der Funde spricht für sich.

Wie könnte man dem Monopolisten trauen? Er allein bestimmt, welche Informationen an die Öffentlichkeit dringen. Oft wird noch nicht einmal eine Erklärung dafür abgegeben, was passiert sein soll. Das liegt natürlich im Interesse des Staates, weil er dann nichts unternehmen muss und außerdem vom eigenen Versagen und dem der Politik ablenken kann.

Einen weiteren Beleg, an dem Sie ablesen können, wie selten eigentlich der Gerechtigkeit Genüge getan wird, finden Sie bei Sexualverbrechen. Im rot-rot-grün geführten Land Brandenburg führten 2.423 angezeigte Sexualdelikte nur zu 78 Verurteilungen[4]. Das ist eine lächerliche Quote von drei Prozent. Hinzu kommt, dass gerade bei Sexualdelikten die Dunkelziffer besonders hoch ist. Das liegt zu einem nicht unerheblichen Ausmaß daran, wie mit den Opfern umgegangen wird. Das wäre in einer Privatrechtsgesellschaft (abgekürzt: PRG; oder auch Privatrechtsordnung genannt) ganz anders, wie Sie gleich erfahren werden. Aber alleine die geringe Verurteilungsquote führt dazu, dass immer weniger Straftaten angezeigt werden, weil sich die Opfer zurecht sagen, dass es ohnehin nichts bringt, außer Ärger, Zeit- und Kostenaufwand.

Bei den offiziellen Statistiken müssen wir außerdem berücksichtigen, dass selbst Vertreter des „Rechtsstaates“ zugeben, dass diese frisiert sind. So schreibt die *Welt* am 24.Januar 2016:

Das war am 11. Januar. Wendt und Kraft waren Gäste des ARD-Polittalks „Hart aber fair“. Und der Gewerkschafter entgegnete der Regierungschefin, indem er ein „deutschlandweites

Phänomen" beschrieb: Ein Innenminister brauche nichts anzuordnen, „weil jeder Beamte weiß, dass er eine bestimmte politische Erwartungshaltung, die gezüchtet wird, zu erfüllen hat". Jeder kenne die „Taschenspielertricks", etwa Sinti und Roma schlicht als „Personen mit häufig wechselndem Wohnort" zu bezeichnen.

„Besser nichts sagen, da kann man nichts falsch machen", sagte Wendt. Der Gewerkschafter machte diese „Erwartungshaltung" auch dafür verantwortlich, dass die Kölner Polizei die Ereignisse der Silvesternacht zunächst nicht kommuniziert beziehungsweise heruntergespielt hatte.

Wenn Beamte doch einmal die Täter klar nennen, bekommen sie sofort einen Maulkorb:

Die Dortmunder Polizei hatte am 19. Juni 2015 in einer Pressemitteilung die Bevölkerung vor erhöhten Aktivitäten dieser Trickdiebe gewarnt – und einen Herkunftshinweis formuliert. So gehe es um „Sachverhalte, bei denen sich (meist nordafrikanische) junge Männer auf der Straße ... an ausgewählte Opfer ‚herantanzen', sie so ablenken, um dann Geldbörse oder Handy zu entwenden".

Vier Wochen später traf das Schreiben der Bundesbehörde in Dortmund ein. Darin bezeichnete die Antidiskriminierungsstelle es als fraglich, ob die Pressemitteilung mit den Leitlinien der Polizei in NRW übereinstimme. „Es besteht die Gefahr, dass hierdurch diese Personengruppen in der Bevölkerung unter Generalverdacht gestellt werden", mahnte die ADS in dem Schreiben, das der „Welt" vorliegt und über das zuerst „Focus" berichtete. Es heißt darin weiter: „Wir regen an, den Hinweis auf die nordafrikanische Herkunft aus der Pressemitteilung zu streichen."
Die Polizei Dortmund stand freilich nicht zu ihrer Erklärung und revidierte ihre eigene Einschätzung.

Die *HAZ* zitiert am 19. November 2015 einen LKA-Beamten:

„Es gibt Anweisungen, unseren Interpretationsspielraum so zu nutzen, damit der zivile Frieden gewahrt bleibt", sagt Schwarz. Der Beamte beklagt, dass er Fälle wie die blutige Schlägerei herunterspielen und verharmlosen soll. Bei zu vielen schlechten Nachrichten aus den Flüchtlingslagern könnte die Stimmung kippen. Die Befürchtung: Rechte Schreihälse warteten nur auf bestätigte Vorurteile und Futter für ihre ideologische Kurzatmigkeit. Lange hat Schwarz geschwiegen. Jetzt hält er es für seine Pflicht zu sprechen. „Es wird nicht gelogen, nichts vertuscht, aber es werden ganz bewusst Dinge weggelassen. Das ist das Problem", sagt Schwarz...

Vor Kurzem hat Schwarz seinem Innenminister gegenübergesessen, sagt er. Es ging um die Vorarbeiten zur polizeilichen Kriminalitätsstatistik, um die Frage von auffälliger Straffälligkeit in und um Flüchtlingszentren. Man könne der Bevölkerung nicht zumuten, dass ein Ergebnis herauskomme, mit dem bestätigt werde, dass es eine Häufung von sexueller Gewalt, von schwerster Körperverletzung gebe. „Das wäre ein schlechtes Ergebnis", so hat Schwarz den obersten Dienstherrn verstanden.

Das hat er so auch an seine Leute weitergegeben. Dann würden Statistikfilter ein wenig anders gesetzt, manche Zahlen würden verspätet geliefert, es würde kaschiert, weggedrückt und umbenannt. Das Wort „Ehrenmord" kommt in den Protokollen nicht vor. Im Polizeideutsch lässt sich manches verpacken, nicht falsch, aber eben auch ohne Ecken und Kanten. „Wir nutzen den Interpretationsspielraum so, dass der zivile Frieden gewahrt bleibt". Schwarz stürzt das häufig in enorme Gewissensbisse. „Man muss seinen Ermessensspielraum so ausnutzen, dass man nicht lügt, aber die Sensationsgeier kein Trittbrett erhalten." Aber die kalte Wahrheit der Statistik werde geschönt.

Selbst bei den Einbruchszahlen, wo die Aufklärungsquote schon nach offiziellen Zahlen so gering ist, wird gefälscht. So schreibt die *WAZ* am 11. Januar 2017:

Die Oberhausener Polizeiführung hat den Bürgern gar nicht die kompletten Fallzahlen präsentiert, sondern nur einen kleinen Ausschnitt. Besonders fatal ist dies bei den oft diskutierten Einbrüchen im Stadtgebiet. Die Zahl der Einbrüche ist fast doppelt so hoch wie es die offiziell präsentierte Kriminalitätsstatistik der Oberhausener Polizei ausweist.

An vielen Stellen hat der Rechtsstaat bereits kapituliert. In England schlägt der Polizeichef ernsthaft vor, Pädophile nicht mehr zu verhaften, weil es so viele sind, berichtete die BBC[5] am 28. Februar 2017. In sogenannte No-Go-Areas in ganz Europa geht überhaupt kein Polizist mehr.

Die *Welt* berichtet am 28. Januar 2016, dass bei "kleineren Straftaten" von Flüchtlingen gar nicht mehr erst ermittelt wird:

In Kiel werden Flüchtlinge ohne Ausweispapiere oder behördliche Registrierung bei einfachen Delikten wie Ladendiebstahl oder Sachbeschädigung nicht strafrechtlich verfolgt. Wie die „Kieler Nachrichten" berichten, hätten sich die Führung der Polizeidirektion Kiel und die Staatsanwaltschaft Anfang Oktober 2015 entsprechend verständigt, dies gehe aus einem internen Polizeiprotokoll hervor.

Die „Bild"-Zeitung hatte bereits von einer Leitlinie der Polizeidirektion Kiel berichtet, welche die Polizisten anwies, bei kleineren Delikten von Flüchtlingen die Verfolgung weniger intensiv zu betreiben.

Demnach steht in der Anweisung vom Oktober 2015, dass bei einfachen Delikten wie Ladendiebstählen und Sachbeschädigung

„ein Personenfeststellungsverfahren oder erkennungsdienstliche Behandlung" regelmäßig ausfallen solle. Dies gelte, wenn die Personalien der Flüchtlinge nicht eindeutig feststellbar sind oder nicht binnen zwölf Stunden geklärt werden können.

Begründet werde die Anweisung damit, dass der Aufwand gegenüber den Erfolgsaussichten zu hoch sei.

Auch im BKA-Bericht wird getrickst. Dort haben die Beamten bei der Erfassung von Straftaten kurzerhand mehr als 600.000 „Flüchtlinge"[6] herausgerechnet.

Das Chaos ist inzwischen so groß, dass die verschiedenen Institutionen des Rechtsstaates gegenseitig aufeinander losgehen. Auf der gleichen Veranstaltung, auf der Polizeigewerkschafter Rainer Wendt mit dem Finger auf die Politik zeigt, geht der Strafverteidiger und Professor Ulrich Sommer auf die Polizei los, wie der *Focus* am 24. November 2017 schreibt:

Dabei kamen die provokantesten Thesen des Abends nicht vom sehr defensiven Rainer Wendt, sondern von seinem Gesprächspartner auf dem Podium, dem Strafverteidiger und Professor Ulrich Sommer. Der verstieg sich zu der These, dass Polizist zu sein der wahrscheinlich „unanständigste Beruf" sei.

Polizisten, so Sommer, würden Strafakten „frisieren" und damit die Gerichte „manipulieren". Er habe schon jede Menge „lügende Polizeibeamte vor Gericht erlebt", ergänzt Sommer. Die Polizeibeamten verstünden offenkundig ihre Rolle im Rechtsstaat nicht mehr, so der Strafverteidiger. Und: „Die Gerichte sind nicht der verlängerte Arm der Polizei."

Um dem ganzen noch die Krone aufzusetzen, wurde die Veranstaltung von linken Extremisten gestört, die am liebsten noch weniger Polizei und noch mehr Migranten haben wollen.

Berufsverbände von Polizei und Justiz beschweren sich nach einer Reuters Meldung vom 2. August 2017 über akuten Personalmangel:

Bundesweit fehlten mindestens 2000 Richter und Staatsanwälte sowie 20.000 Polizisten, erklärten der Deutsche Richterbund und die Gewerkschaft der Polizei am Mittwoch in Berlin. Dies wirke sich unmittelbar auf die Sicherheit aus. Staatsanwaltschaften und Gerichte würden sich immer häufiger damit behelfen, Verfahren einzustellen. "Von den fünf Millionen erledigten Strafverfahren wurden im Jahr 2015 ein Drittel mit oder ohne Auflagen eingestellt", sagte der Vorsitzende des Richterbundes, Jens Gnisa. Zehn Jahre zuvor habe die Quote bei einem Viertel gelegen.

Besonders alarmierend sei die Freilassung dringend Tatverdächtiger aus der Untersuchungshaft, wenn Verfahren zu lange dauerten. "Pro Jahr kommt das im Moment zwischen 40 und 45 Mal vor", sagte Gnisa. Dabei handle es sich um Verdächtige, denen erhebliche Straftaten vorgeworfen würden. Es klemme in der Justiz an allen Ecken und Enden. "Ich habe auch das Gefühl, dass der Bürger das immer mehr spürt und an der Sicherheit in seinem Land zweifelt." Besonders belastet seien neben der Strafjustiz die Verwaltungsgerichte, die sich um die große Zahl von Asylverfahren kümmern müssten. Wegen der anstehenden Pensionierungswelle werde sich die Lage bei Justiz und Polizei in den kommenden zehn bis 15 Jahren noch verschärfen.

Sogar der oben genannte Präsident des Richterbundes, Jens Gnisa, „verzweifelt am Rechtssystem“[7] und hat ein Buch geschrieben mit dem Titel „Das Ende der Gerechtigkeit“[8]. In der Tat weist das System einen ganz grundsätzlichen Fehler auf und den werden Sie jetzt kennenlernen:

Die tatsächliche Wurzel des Übels

Wer ein Problem lösen will, muss die Ursache erkennen. Es ist dabei wichtig, wirklich zum Kern der Angelegenheit durchzudringen. Wer die wahre Ursache nicht erkennt, behandelt immer nur Symptome. Es wird einige Libertäre verwundern, dass ich die wahre Ursache gesellschaftlicher und ökonomischer Probleme nicht in der Verletzung des Eigentumsrechtes, des Nichtaggressionsprinzips oder des Naturrechts sehe.

Die Nichtbeachtung dieser Prinzipien ist nur die Folge der Verletzung eines anderen Prinzips. Wenn wir dieses Prinzip entdecken, haben wir die Grundursache, die wirkliche Wurzel des Problems - im englischen root cause - entdeckt. Wenn wir die Grundursache kennen, lassen sich alle Probleme auf dieses Prinzip zurückführen. Gelingt dies nicht, so haben wir die Grundursache gar nicht gefunden. Die wirkliche Grundursache lässt sich in sechs dürren Worten zusammenfassen:

Der Konfliktentscheider darf nicht Konfliktpartei sein.

Anders ausgedrückt:

Derjenige, der einen Konflikt entscheidet, also der Richter, darf nicht selber Teil des Konfliktes sein.

Das ist unmittelbar einsichtig. Stellen Sie sich vor, Sie sind der Meinung, ein Unternehmen hätte Ihnen ein fehlerhaftes Produkt verkauft. Nimmt es das Produkt aus Kulanz oder Einsicht zurück, so entsteht kein Konflikt. Weigert es sich, Ihnen das Geld zurückzugeben, wäre es offenbar unsinnig, wenn das Unternehmen entscheiden dürfte, wer nun im Recht ist.

Der Staat ist definitionsgemäß der ultimative Richter in allen Rechtsangelegenheiten einschließlich derer, die ihn selbst betreffen. Das kann gar nicht funktionieren. Sie können zum Beispiel nicht mit dem Ziel klagen, dass Sie ihre Steuern zurückbekommen, wenn die Politiker ihre Wahlversprechen nicht einhalten oder wenn Sie generell der Meinung sind, dass der Staat nicht das leistet, was Sie von ihm erwarten.

Es war Hans-Hermann Hoppe, für mich der wichtigste lebende Philosoph und einer der größten in der Geschichte, der dieses Prinzip als Grundlage für den Libertarismus entdeckt und brillant herausgearbeitet hat[9]. Die meisten Anarchisten erkennen dieses Prinzip an, sind aber häufig der irrtümlichen Auffassung, wir hätten es hier nur mit einer Erweiterung des Libertarismus oder der Österreichischen Schule zu tun. Es wäre nur ein weiterer Pfeil im Köcher, den man auf Staatsliebhaber abschießen könnte.

In Wirklichkeit hat Hoppe etwas völlig neues entdeckt, das die Theorie auf eine vollkommen neue Ebene gehoben hat. Die Österreichische Schule bleibt weiterhin nützlich, um die Folgen zu beschreiben, die eingeschränkte Eigentumsrechte haben. Dieses Prinzip ist jedoch von der Österreichischen Schule oder dem Libertarismus unabhängig und geht dem Eigentumsrecht voraus. Ich werde versuchen, Ihnen das logisch zu beweisen:

In einem Staat gibt es kein Eigentum. Es existiert nur Eigentum von Staates Gnaden, sogenanntes Fiat-Eigentum. Nicht nur dass der Staat Steuern erhebt, er kann auch jederzeit bereits garantierte Eigentumsrechte wegnehmen und tut das auch regelmäßig. Er bestimmt zum Beispiel, dass der Eigentümer einer Wohnung diese nicht leer stehen lassen darf, etwa weil er darin sogenannte Flüchtlinge einquartieren will. Der Staat erdreistet sich sogar, von „Zweckentfremdung“ zu sprechen, wenn Sie ihre *eigene* Wohnung an Touristen vermieten. In München steht darauf eine Strafe von 500.000 Euro[10]. Der Staat kann von heute auf morgen eine Vermögenssteuer oder sogar die Besteuerung von Luft - siehe die Vorschläge zur CO2-Steuer - einführen.

Daraus folgt logisch, dass es entweder gar kein Eigentum gibt oder nur dann, wenn es keinen Staat gibt. Ich werde diesen Staat, den Letztentscheider oder ultimativen Richter für Konflikte, in der Folge Gewaltmonopolist nennen. Der Begriff ist nicht ganz trennscharf, weil der Bürger ja zum Beispiel zur Selbstverteidigung Gewalt anwenden darf, aber der Staat entscheidet am Ende, ob diese Gewaltanwendung rechtmäßig war. Daher benutze ich diesen Begriff, weil er gebräuchlich und nicht so sperrig ist wie „Ultimativer Richter in einem bestimmten Territorium". Ich werde noch zeigen, dass es Eigentum tatsächlich gibt. Dann bleibt nur ein logischer Schluss übrig:

Wenn die Abwesenheit eines Gewaltmonopolisten die Voraussetzung für Eigentumsrechte ist, bedeutet dies, dass die Entstehung von Eigentum nur die Folge der Abwesenheit eines ultimativen Richters ist.

Damit haben wir das Grundprinzip für das Lösen menschlicher Konflikte und somit auch die Grundursache für das Entstehen von Eigentum entdeckt. Diese Sichtweise hat - abgesehen davon, dass sie wahr ist - mehrere Vorteile:

Erstens lösen sich damit scheinbare Widersprüche bei Problemstellungen auf, die selbst unter Libertären umstritten sind, etwa die absolute Geltung des Eigentumsrechtes oder die umstrittene Frage, was es denn bedeutet, dass der Entdecker eines herrenlosen Grundstückes seine Arbeit mit diesem „vermischt".
Zweitens enthebt es uns von der Notwendigkeit, philosophische oder moralische Fragen zu debattieren. Staatsliebhaber streiten sehr gerne über Begriffe. Linke Staatsliebhaber etwa behaupten, es wäre eine Aggression gegen sie,

wenn sie zu niedrigen Löhnen arbeiten müssten. Gegner des Naturrechts stellen es so dar, als wäre dies das Recht des Stärkeren. Andere wiederum stellen das Recht am eigenen Körper in Frage, indem sie sagen, man wäre nur der Besitzer, nicht jedoch der Eigentümer seines Körpers. Dagegen gibt es jeweils gute Argumente, aber wenn wir uns an das entdeckte Grundprinzip halten, ist die Erörterung dieser Fragen zweitrangig.

Niemand kann bestreiten, dass der Richter nicht Teil des Konflikts sein darf. Selbst wenn es jemand bestreitet, könnten Sie zu ihm sagen:

„Gut, wir haben hier einen Konflikt. Ich schlage vor, dass ich entscheide, wer recht hat." Gesteht Ihnen Ihr Gegenüber das zu, entscheiden Sie, dass Sie recht haben. Verweigert er dieses Zugeständnis, haben Sie den Beweis erbracht, dass der Konfliktentscheider nicht gleichzeitig Konfliktpartei sein kann.

Dass dieses Prinzip dem Eigentumsrecht vorausgeht, wird auch auf andere Weise deutlich. Der Staat kann Ihnen nicht nur Ihr materielles Eigentum wegnehmen, er kann vollständige Kontrolle über Ihren Körper erlangen. Wenn der Staat Sie einsperrt und fesselt, haben Sie nicht nur keine Möglichkeit mehr, von den Früchten ihrer Arbeit zu profitieren, Sie sind de facto nicht einmal mehr Besitzer ihres Körpers. Sie können sich nicht bewegen, weil Sie gefesselt sind - etwa in einer Zwangsjacke.

Es geht sogar noch weiter: Der Staat kann Ihnen sogar verbieten, zu argumentieren, dass Ihr Körper Ihnen gehört. Er kann Ihnen buchstäblich den Mund stopfen. Tatsächlich tut er genau das regelmäßig. Einwanderungs- oder Islamkritiker werden derzeit reihenweise zu hohen Strafen bis zu Gefängnis verurteilt, während gleichzeitig ausländische Vergewaltiger frei herumlaufen.

Der Staat verbietet generell „staatsfeindliche Propaganda“. Jeder Anarchist ist per Definition ein Staatsfeind. Der Hauptgrund, warum noch nicht alle Anarchisten im Gefängnis sitzen, ist, dass es noch zu wenige sind, als dass der Staat sie als gefährlich erachtet. Aber totalitäre Regime haben immer Anarchisten eingesperrt. Und der Staat wird immer totalitärer, wie selbst der naivste und ignoranteste Bürger mittlerweile erkennen müsste.

Halten wir also fest: Die Abwesenheit eines Gewaltmonopolisten ist nicht nur Voraussetzung für Eigentum, sie ist sogar Voraussetzung dafür, für sein Recht auf Selbsteigentum argumentieren zu dürfen. Es sollte jetzt klar sein, dass wir das Grundprinzip entdeckt haben, mit Hilfe dessen wir alle gesellschaftsrelevanten Fragen menschlicher Konflikte behandeln können.

Wenn Sie gut darin sind, abstrakt zu denken, können Sie aufhören zu lesen. Wenn Sie die Grundursache erkannt haben, können Sie sich alles selber herleiten. Es ist sicherlich kein Zufall, dass Menschen mit einem sehr hohen IQ nachweislich libertäre Prinzipien vertreten. Eine Umfrage unter Mitgliedern der Triple Nine Society, die intelligenter sein müssen als 99,99 Prozent der Bevölkerung, ergab, dass diese in allen Sachfragen libertäre Prinzipien vertreten. Das liegt daran, dass sie besser abstrakt denken können als der Rest der Bevölkerung und ihnen beispielsweise die negativen Folgen von Regulierungen unmittelbar klar sind.

Machen Sie den Test: Legen Sie dieses Kapitel jemanden vor, der einen IQ von 130 oder höher hat. Er wird vermutlich unmittelbar sagen, dass die Ausführungen richtig sind und der Staat abgeschafft werden muss. Möglicherweise muss er auch noch den Rest des Buches und weitere Literatur lesen, wenn er sich bisher gar nicht mit dem Thema auseinandergesetzt hat. Befürwortet er danach immer noch den Staat, lassen Sie sich seine Testergebnisse zeigen. Weisen diese tatsächlich einen hohen IQ aus, schicken Sie ihn in eine öffentliche Debatte mit mir. Ich freue mich darauf.

Libertäre Streitfragen: Einige Rettungsboot-Szenarien

Bevor wir zur Praxis kommen, möchte ich noch kurz einige Fragen behandeln, die auch unter Libertären umstritten sind. Staatsliebhaber entwerfen gerne sogenannte „Life-Boat"-Szenarien, um Anarchisten argumentativ in Schwierigkeiten zu bringen. Diese zeichnen sich dadurch aus, dass sie völlig unrealistisch sind und in der Praxis so gut wie nie vorkommen. Aber wenn ich schon behaupte, das Grundprinzip entdeckt zu haben, möchte ich auch anhand besonders harter Szenarien meinen Fall vertreten.

Eine Frage, die durchaus auch unter Libertären umstritten ist, ist die nach der Aneignung von herrenlosem Grund und Boden. Unter Libertären und allen anderen vernunftbegabten Menschen ist unstrittig, dass nur der Erste, der das Grundstück entdeckt, es sich konfliktfrei aneignen kann. Daher gehört es dem Ersten, der es findet. Aber wie groß kann dieses Grundstück sein? Wie weit reichen seine Außengrenzen?

Dazu ein klassisches Rettungsboot-Szenario: Ein Schiff geht unter und die Insassen retten sich auf eine einsame Insel, die noch niemandem gehört. Es gibt notwendigerweise genau einen, der die Insel als allererster entdeckt hat. Nehmen wir an, der schafft es auch, als erster zu der Insel zu schwimmen. Gehört jetzt die ganze Insel ihm? Nehmen wir noch dazu an, er hätte einen so großen Vorsprung gehabt, dass er ganz schnell einen rudimentären Zaun um die Insel gezogen hätte, etwa aus Schiffsseil oder Lianen.

Die klassische libertäre Antwort lautet: Er muss seine Arbeit mit dem Grundstück vermischen. Es genüge nicht, einfach einen Zaun herumzuziehen. Er muss also mindestens klar machen, dass er zum Beispiel das Ackerland bewirtschaften will, und damit beginnen, es zu bestellen. Aber wie lange hat er Zeit? Wie viel Prozent des Grundstückes muss er wann bewirtschaften? Ich gebe zu, diese Frage hat mich auch lange beschäftigt und ich war ganz froh, dass sich Staatsliebhaber so selten trauen, mit mir zu diskutieren. Daher hatte mir niemand diese Frage öffentlich gestellt.

Doch mit der Erkenntnis, dass nicht das Eigentum, sondern die Abwesenheit eines Gewaltmonopolisten das Entscheidende ist, lösen sich die Schwierigkeiten bei dieser Frage in Luft auf. Nehmen wir also an, der Rest der Mannschaft kommt auf der Insel an. Sicherlich würde niemand akzeptieren, dass dem ersten die gesamte Insel gehört. Jemand würde vorschlagen, die Sache von einer neutralen Person entscheiden zu lassen. Möglicherweise ist der Kapitän des Schiffes wohlgelitten und man würde sich auf ihn einigen. Vielleicht hat sich auch der zweite Kapitän oder ein anderer auf der bisherigen Reise als besonders fair erwiesen und man überlässt ihm die Entscheidung. Vermutlich würde er entscheiden, dass sich der erste ein Grundstück heraussuchen könnte und die anderen sich der Reihe nach (entweder nach Ankunft oder nach Rang oder nach Los) andere Grundstücke aussuchen können.

Entscheidend: Die Streithähne haben sich vorher auf einen Richter geeinigt. Was grundsätzlich passiert, wenn man sich nicht einigt, erkläre ich später. Für dieses Szenario ist nur wichtig zu erkennen: Es gibt kein absolutes Eigentumsrecht, das wie magisch vom Himmel fällt, sondern es ist das Ergebnis eines Entscheidungsfindungsprozesses.

Die Sache wird noch klarer, wenn wir an dieser Stelle den Staat einführen. Wenn es sich beispielsweise um britische Staatsangehörige handelt, würde England sicherlich darauf bestehen, dass diese Insel nun zu Großbritannien gehört. Und wie wir den Staat kennen, würde er vermutlich argumentieren, nur große Unternehmen, also diejenigen, die ohnehin schon den größten Einfluss auf den Staat haben, wären in der Lage diese Insel zu erschließen. Der Staat würde Konzessionen vergeben und die Rechtsanwaltskanzleien dieser Unternehmen würden die Regeln dafür schreiben.

Ob und wie viel die Erstentdecker vom Kuchen abbekommen, liegt in der Hand des Staates. Es ist offensichtlich, dass das, was dabei herauskommt, mit hoher Wahrscheinlichkeit schlechter für die Insassen des Bootes ist, als das, was der von der Mannschaft eingesetzte Richter entscheidet.

Ein weiteres Szenario, das - soweit ich mich erinnere - einmal in einer Skypediskussion zwischen einem Staatsbefürworter und dem Anarchisten Walter Block auftauchte, ist folgendes:

Stellen Sie sich vor, Sie hätten sich im Wald verlaufen und wären am Verdursten. Sie sehen ein umzäuntes Grundstück mit einer Wasserquelle. Die Frage, die der Staatsbefürworter nun stellte, war: Würden Sie daraus trinken? Soweit ich mich erinnere, wich Block der Frage aus und kam auf Grundsatzfragen zurück. Aber der Staatsbefürworter wurde sein Argument noch los: Sie würden doch daraus trinken. Was ist ein System wert, wenn Sie sich selber nicht an die Regeln halten würden (an die Unverletzlichkeit des Eigentums)?

Meine Antwort wäre gewesen: Die Regeln gehören zum Spiel, genauso wie die Sanktion bei Nichteinhaltung der Regel. Beispiel: Im Halbfinale der Fußball-Weltmeisterschaft von 2002 grätschte Michael Ballack einen Spieler um, kassierte dafür Rot und fehlte im Finale (Wäre Mehmet Scholl als möglicher Ersatz damals nicht lieber zu Hause geblieben und hätte seine Freundin beglückt, wären wir wohl Weltmeister geworden). Ballack wusste, dass er Rot riskierte, aber es war ihm mehr wert, den Gegner aufzuhalten. Würde

Ballack auf der Straße jemanden umtreten, würde man ihn wegen Körperverletzung bestrafen. Das heißt: Dass ich selber eine Regel verletze, bedeutet nicht, dass ich die Regel generell ablehne. Aber ich muss bereit sein, die Konsequenzen zu tragen.

Spinnen wir das Beispiel weiter: Nehmen wir an, der Verdurstende steigt über den Zaun und trinkt aus der Quelle. Der Besitzer holt seine Schrotflinte und schießt auf ihn. Der Einfachheit halber gehen wir davon aus, dass er überlebt hat und den Eigentümer vor ein neutrales Gericht bringt. Wie würde ein neutraler Richter entscheiden? Wir gehen davon aus, dass jemand zufällig alles gefilmt hat.

Wäre klar zu erkennen, dass der Eigentümer sehen konnte, dass der Eindringling unbewaffnet war und er ihn ohne Vorwarnung in den Rücken geschossen hat, würde er ihn sicherlich nicht freisprechen. Grundsätzlich stärkt es die Position des Eigentümers, wenn er überall Schilder aufstellt, die besagen, dass Betreten verboten ist und jeder Eindringling erschossen wird. Das bedeutet aber noch lange nicht, dass - ohne staatliche Gesetze - neutrale, von vielen respektierte Richter alles zulassen würden. Dazu noch ein Beispiel:

Nehmen wir an, eine Horde Verbrecher ist dabei, Ihr Grundstück zu stürmen. Ihr Nachbar steht neben Ihnen mit einer Knarre in der Hand, weigert sich aber, Ihnen zu helfen. Sie treten auf sein Grundstück über, entreißen ihm die Waffe, schießen auf die Angreifer und wehren sie ab. Wenn nun Ihr Nachbar Sie in einer Privatrechtsordnung verklagen würde, würde ein Richter Sie wegen Diebstahl verurteilen? Sicherlich nicht. Er würde Sie vermutlich dazu verurteilen, die Patronen zu ersetzen und möglicherweise eine Zahlung wegen der Abnutzung des Gewehrs, aber er würde Sie sicher nicht wegen eines Diebstahls oder wegen des Betreten des fremden Eigentums bestrafen.

Ähnliches gilt übrigens wenn Sie beispielsweise dieses Grundstück überqueren würden, um eine Frau vor einer Vergewaltigung zu retten - angenommen es gäbe keine andere Möglichkeit, zu ihr zu gelangen. Wenn Ihnen der Nachbar bei dieser Überquerung seines Grundstückes in den Rücken schießen würde, obwohl er klar erkennen konnte, dass Sie nicht ihn angreifen, sondern nur helfen wollten, würde der Nachbar sicherlich verurteilt werden.

In der Realität sind solche Szenarien unrealistisch, weil sich alle Beteiligten freiwillig bestimmten Regeln unterworfen hätten, aber dazu kommen wir gleich. Mir geht es hier darum, zu zeigen, dass Eigentum nicht etwas Absolutes ist, das irgendwie vom Himmel fällt. Das ist keineswegs mit Relativismus zu verwechseln, denn es gibt eine absolute Regel: nämlich die, dass der Richter nicht Teil des Konfliktes sein darf.

Hätten die Schiffbrüchigen dieses übrigens erkannt, wären sie auf die Idee gekommen, dass auch der Richter Teil des Konfliktes ist, weil er sicherlich auch gerne ein Grundstück auf der Insel gehabt hätte. Die perfekte Lösung wäre gewesen, dies auszuschließen, ihm aber für seine Richtertätigkeit einen ansehnlichen Lohn zu zahlen, so dass er freiwillig auf ein Grundstück verzichtet, oder man hätte ihm vorher ein bestimmtes Grundstück als Lohn zugesagt.

Im Folgenden werde ich das zugrundeliegende Prinzip, dass der Konfliktentscheider nicht Konfliktpartei sein darf, das *Prinzip des neutralen Richters* nennen.

Was ist mit jenen, die sich keinen Regeln unterwerfen?

Die Frage, die sich nun jeder zurecht stellt, ist, wer setzt ohne Staat die Regeln durch? Was ist mit jenen, die keine Verträge abschließen, sondern nur raubend und brandschatzend durch die Gegend ziehen?

Zunächst ist festzustellen, dass es genau drei Fälle gibt, die zu berücksichtigen sind. In einer Privatrechtsordnung würden konkurrierende Unternehmen für Sicherheit sorgen. Um ihr Eigentum zu schützen, würden sich die meisten Menschen versichern, aber vermutlich nicht alle. Daher gilt es, drei Fälle zu unterscheiden, wenn zwei Menschen in einen Konflikt geraten:

1. Beide sind versichert. Das wird die Regel sein und ist auch am einfachsten zu behandeln.
2. Einer ist versichert, der andere nicht.
3. Beide sind nicht versichert.

Zu 1: Wenn beide versichert sind, haben sie vorher bestimmten Regeln zugestimmt. Im Prinzip lassen sich diese Regeln genau auf eine reduzieren: Du sollst nicht stehlen. Wenn man den Körper als sein Eigentum betrachtet, schließt das ein, den anderen nicht zu verletzen oder zu töten. Alles andere macht keinen Sinn. Für Grammar-Nazis an dieser Stelle ein Einschub: Ich weiß, dass es eigentlich heißen müsste: Das ergibt keinen Sinn. Erstens kann mir der Staat zum Glück noch nicht vorschreiben, welche Worte ich benutze. Zweitens wird „Sinn machen“ sogar als zulässige Redewendung im Duden aufgeführt und drittens gefällt mir dieser Ausdruck einfach besser, auch wenn er aus dem Englischen kommt. Macht das Sinn?

Zu 2: Es gibt vor allem unter Voluntaristen (eigentlich Voluntaryisten) die Ansicht, man könne einen Mörder, der vorher keinen Vertrag unterschrieben hat, nicht zu morden, nicht einsperren, weil das gegen das Eigentumsrecht oder das Nichtaggressionsprinzip verstoße. Ich halte diese Ansicht für völlig absurd. Manche Voluntaristen und auch manche Libertäre denken, diese Leute würden einfach ausgegrenzt und könnten sich ohne Versicherung nicht frei bewegen. Das ist sicherlich zum Teil richtig, aber man würde sie trotzdem weg sperren, wie ich gleich zeigen werde.

Der Grund für diese Ansicht dürfte präzise darin liegen, dass die Vertreter dieser Ansicht die Grundursache des Problems nicht verstanden haben. Sie scheinen zu glauben, dass die Beachtung des Nichtaggressionsprinzips oder der Eigentumsrechte irgendwie vom Himmel falle. Eigentumsrechte würden entstehen, weil die meisten Leute an diese Prinzipien glauben würden, wenn man sie ihnen einmal erklärt hat. Diese Annahme ist meiner Meinung nach grundfalsch und auch ein Grund dafür, warum sich viele Staatsanhänger fragen, wie das Ganze eigentlich funktionieren soll.

Wir sehen ja, dass fast niemand an Eigentumsrechte glaubt, denn fast alle befürworten den Staat. Nun könnte man argumentieren, das läge eben daran, dass es ihnen niemand erklärt. Erstens ist es unmöglich, es allen zu erklären, und zweitens setzt der Staat alles daran, es niemandem zu erklären. Drittens gibt es unzählige Leute, die diese Sichtweise nicht akzeptieren, obwohl man es ihnen hundertmal erklärt.

Nein, das Eigentumsrecht entsteht eben nicht aus der Überzeugung der Leute, dass es existiert. Es entsteht automatisch dann, wenn es keinen Gewaltmonopolisten gibt. Stellen wir uns dazu folgendes Szenario vor:

Von heute auf morgen schafft sich der Staat ab. Alle Versicherer kommen gleichzeitig auf die Idee, den Menschen folgenden Vertrag anzubieten: Du kannst bestehlen, wen Du willst, und wir unterstützen Dich dabei. Sofort würden die Versicherten anfangen, sich gegenseitig zu bestehlen. Selbst die erfolgreichsten Diebe würden andauernd bestohlen, denn es ist ja erlaubt. Es ist unmittelbar einsichtig, dass das keinen Sinn macht - nicht einmal für einen Dieb. Schon am nächsten Tag würden alle Versicherer umschwenken und die einzig sinnvolle Regel anbieten: Wir schützen Dich dagegen, bestohlen zu werden, und Du verpflichtest Dich dazu, nicht zu stehlen.

Wir sehen also wieder: Das Eigentumsrecht entsteht dadurch, dass konkurrierende Unternehmen ihren Kunden ein nützliches Produkt anbieten müssen. Der Gewaltmonopolist muss das nicht. Deshalb stiehlt er. Ganz einfach. Ich werde im Folgenden das Nichtaggressionsprinzip und das Eigentumsrecht mit letzterem Begriff bezeichnen, da beides ohnehin dasselbe meint: Es ist nicht erlaubt, Gewalt zu initiieren, also als erster anzuwenden, um jemanden zu verletzen oder etwas wegzunehmen.

Was ist nun aber mit jenen, die keine Versicherung abschließen? Ganz einfach: Sie haben dann niemanden, der sie schützt. Wenn also ein nicht versicherter Dieb einen Versicherten bestiehlt, schreitet die Versicherung ein und sorgt dafür, dass der Dieb verhaftet wird und vor ein Gericht kommt.

Das verstößt nicht gegen das Nichtaggressionsprinzip, weil der Dieb bereits eine Aggression gegen das Eigentum begangen hat, aber das ist nicht das Entscheidende. Der Markt interessiert sich nicht für abstrakte Prinzipien, Moral oder Philosophie. Er funktioniert einfach. Wichtig für Sie: Das abstrakte Prinzip des neutralen Richters muss von niemandem verstanden werden. Dieses Prinzip sorgt ganz automatisch dafür, dass es funktioniert. Genauso wie die Nichtbeachtung des Prinzips automatisch dafür sorgt, dass der Gewaltmonopolist stiehlt - eben weil er der ultimative Richter ist. Sie sehen also, wir können immer alles auf dieses eine Grundprinzip zurückführen ohne moralische, philosophische oder naturrechtliche Diskussionen führen zu müssen.

Könnte ein Versicherter dann nicht einfach den Dieb oder den Mörder selbst bestrafen? Theoretisch ja. Aber in der Praxis würde ein Versicherer darauf bestehen, dass er in solchen Fällen eingeschaltet wird. Er haftet ja für den Kunden und will daher sicherstellen, dass alles mit rechten Dingen zugeht. Erstens kann das Opfer nicht sicher wissen, ob der Dieb nicht doch versichert ist, und zweitens bedeutet nicht versichert zu sein nicht, dass man nicht klagen könnte. Das sehen wir im nächsten Fall:

zu 3: A bestiehlt B. Beide sind nicht versichert. Was kann B tun? Nun, B beauftragt einfach eine Sicherheitsfirma, die A ausfindig sowie dingfest macht und ihn einem neutralen Gericht vorführt. Dass B nicht versichert ist, heißt nur, dass er zunächst selber bezahlen muss. Am Ende, wenn A verurteilt ist, muss dieser nicht nur den Schaden ersetzen, sondern auch für die Kosten seiner Ergreifung und Verurteilung aufkommen. Dazu später mehr.

Aber könnte A nicht seinerseits eine Sicherheitsfirma beauftragen, die ihn schützt? Dazu müssen Sie verstehen, dass es zwar möglich ist, sich als Individuum nicht zu versichern, für Unternehmen ist es aber völlig unmöglich, unversichert zu agieren. Ein Unternehmer muss Mitarbeiter einstellen, Straßen benutzen, Räume anmieten, Waffen kaufen und so weiter. Für all diese Handlungen braucht er eine Versicherung, wie ich noch an weiteren Beispielen erklären werde. Dieser Versicherer wird selbstverständlich verlangen, dass das Sicherheitsunternehmen nur (potenzielle) Verbrecher verfolgt und nicht unbescholtene Menschen, die sich an die Regel, nicht zu stehlen, halten.

Aber könnte sich A nicht an ein Mafia-Unternehmen wenden, das keine Versicherung hat, weil es ohnehin darauf angelegt ist, alle zu bestehlen? Wie ich später noch zeigen werde, verschwinden solche Organisationen vom Markt, einfach weil es sich nicht rechnet und sie sich innerhalb der Zivilisation ohnehin nicht bewegen können. Außerdem kann ich mich auch in einem Staat an die Mafia wenden, nur dass diese in der Regel mit dem Staat, also dem Gewaltmonopolisten identisch ist, zumindest aber offensichtlich nicht effektiv bekämpft wird.

Wir sehen also, selbst für nicht Versicherte entstehen Eigentumsrechte, einfach weil es keinen Gewaltmonopolisten gibt. Und das ganz umsonst! Das müsste Sozialisten doch gefallen! Kurz zum Trittbrettfahrer-Problem: Es existiert praktisch nicht, weil es wesentlich ökonomischer ist, sich zu versichern. Wer sich trotzdem nicht versichert, ist in seinen Möglichkeiten, am zivilisierten Leben teilzunehmen, wesentlich eingeschränkt.

Eine einzige Annahme

Nachdem ich theoretisch bewiesen habe, dass ein Gewaltmonopolist zur Lösung von Konflikten ungeeignet ist, stellt sich die Frage, wie ein anarchistisches Rechts- und Strafverfolgungssystem denn nun konkret in der Praxis aussehen kann. Dazu muss man festhalten, dass es sehr schwierig ist, konkrete Marktergebnisse vorauszusagen. Was man sicher sagen kann, ist, dass durch den Wettbewerb die Qualität der Leistung steigt und der Preis sinkt. Das heißt, die Sicherheit erhöht sich, die Kriminalitätsrate und die Preise sinken.

Welche Struktur der Markt aber genau annehmen wird und welche konkreten Lösungen sich durchsetzen, ist schwer vorherzusagen. Verständlicherweise wollen die Menschen aber eine Idee davon bekommen, wie es laufen könnte. Das ist das Ziel dieses Buches. Wenn man Vorhersagen treffen will, ist dies um so einfacher, je weniger Annahmen man treffen muss. Für die vorliegende Untersuchung treffe ich nur eine einzige Annahme:

Unternehmen wollen Gewinne erzielen.

Das ist eine sehr elegante Annahme, weil das niemand bestreiten würde, weder ein Rechter, ein Libertärer, noch ein Linker. Ich treffe beispielsweise keine Annahmen darüber, wie viele Leute gut oder böse sind. Ich werde die Lage aus einer rein ökonomischen Sicht analysieren. Natürlich ist Ökonomie nicht alles. Menschen verhalten sich zum Beispiel freiwillig großzügig. Das kommt dann sozusagen auf meine Szenarien als Zuckerl oben drauf.

Das Schöne ist: Sie können dabei mitmachen, wenn Sie Spaß daran haben. Versetzen Sie sich einfach selber in die Lage eines Unternehmers. Wenn ich eine Problemstellung schildere, lehnen Sie sich zuerst einmal zurück und überlegen, wie

Sie das Problem lösen könnten. Ganz wichtig: Die Lösungsansätze, die ich hier präsentiere, entspringen nur einem einzigen Kopf. In Wirklichkeit werden aber tausende Unternehmen um die beste Lösung konkurrieren.

Es ist also wahrscheinlich, dass der Markt bessere Lösungen findet. Sie können mir auch gerne über meine Webseite schreiben, wenn Ihnen eine Idee kommt. Bitte erwarten Sie nicht, dass ich antworte, ich bekomme jetzt schon über hundert Emails am Tag. Wenn Sie aber in den Titel der Mail „Lösungsvorschlag für…" oder „Einwand gegen…" schreiben, werde ich die Mail sicher lesen.

Wenn ich Vorschläge oder Einwände für allgemein interessant halte, werde ich sie in zukünftigen Ausgaben dieses Buches ergänzen oder auch in Videos oder Artikeln behandeln.

Zahlen, Daten, Fakten

Wenn Ihnen bei den vorigen Kapiteln das Herz in die Hose gerutscht ist, weil Sie für Sicherheitsleistungen bezahlen müssen, kann ich Sie beruhigen. Erstens gibt es im Leben nichts umsonst. Selbst ein Netto-Transferempfänger bezahlt, zwar nicht in Geld, aber mit der Einschränkung seiner Lebensqualität. Einmal in den Fängen des Staates, muss er sich von ihm drangsalieren lassen. Er kann etwa zu Ein-Euro-Jobs gezwungen werden, ist ewiger Bittsteller und wird regelmäßig kontrolliert. Alles zu seinem Besten, versteht sich.

Einigen ist es lieber, von Transferleistungen zu leben, als zu arbeiten, aber sie kennen die Alternative auch nicht. Wie ich in meinem Buch „Das Kapitalismus-Komplott“[11] vorrechne, müssten wir längst alle nur noch einen Bruchteil der heutigen Zeit arbeiten, wenn uns der Staat über das inflationäre Geldsystem und die hohen Abgaben nicht um die Früchte unserer Arbeit betrügen würde. Ich bin sicher, viele Transferempfänger würden es vorziehen, zwei, drei Stunden am Tag einem Job nachzugehen und dafür in die Gesellschaft eingebunden zu sein, etwa soziale Kontakte zu anderen produktiven Mitgliedern der Gesellschaft zu pflegen und ganz anders auftreten zu können als jemand, der nur vom Geld anderer lebt. Heute ist er oft von Transferleistungen abhängig, weil der Staat so viele Arbeitsplätze vernichtet, dass es viel schwieriger ist, einen Job zu finden. In einer freien Marktwirtschaft gibt es keine unfreiwillige Arbeitslosigkeit[12]. Lesen Sie hierzu auch „Nationalökonomie“ von Ludwig von Mises (Kapitel 8.4. S. 546 ff). Am Ende des Buches lesen Sie noch mehr dazu.

Unabhängig davon:

Die meisten Menschen machen sich gar keine Vorstellung davon, wie wenig der Staat für die Sicherheit seiner Bürger ausgibt. Der deutsche Staat gibt aufgerundet etwa 1,6 Prozent des Bruttosozialproduktes (Eurostat, 2015: 0,7 Prozent für Polizei, 0,2 Prozent für Feuerwehr, 0,4 Prozent für Gerichte, 0,1 Prozent für Gefängnisse und 0,1 Prozent für öffentliche Ordnung) für innere Sicherheit aus, das heißt für Polizei und Justiz zusammen genommen. Das sind nur 600 Euro pro Jahr, also 50 Euro im Monat pro Kopf. Der Nobelpreisträger Milton Friedman hat einmal geschätzt, dass sich durch die Auflösung eines Monopols die Preise etwa halbieren. Das wären dann nur noch 25 Euro im Monat.

Selbst ein Bettler zahlt heute mehr an Steuern. Zwar zahlt er keine Steuern auf sein Einkommen, aber bei jedem Einkauf zahlt er nicht nur die Mehrwertsteuer, sondern auch die Steuern des Unternehmens, von dem er seine Produkte kauft, die Steuern und Sozialabgaben der Angestellten, die Versicherungssteuer für das Gebäude des Ladens, die Öko- und Energiesteuer auf den Strom und so weiter und so fort. Wenn ein Bettler also etwa zehn Euro am Tag einnimmt und wieder ausgibt, fließen davon sicherlich 50 Prozent, also 150 Euro im Monat, an den Staat. Ein Angestellter zahlt ca. 70 Prozent seines Einkommens über alle Steuern und Sozialabgaben gesehen.

Der deutsche Staat gibt etwa noch einmal ein Prozent, also 30 Euro pro Monat und Bürger, für Militär aus. In einer globalen Privatrechtsordnung gäbe es keine Notwendigkeit für Militärausgaben, aber selbst wenn es noch Staaten gäbe, wären die privaten Verteidigungskosten wesentlich niedriger, wie ich noch zeigen werde. Aber gehen wir zur Sicherheit im Folgenden davon aus, dass die Kosten für Sicherheit auch in einer Privatrechtsordnung bei 80 Euro im Monat liegen würden. Auch das kann sich praktisch jeder leisten, wobei niemand dazu gezwungen wäre, Sicherheitsleistungen einzukaufen.

Was bleibt, ist die Gebühr für die Benutzung der Straßen. Auch hier herrscht der große Irrtum vor, der Staat würde sie kostenlos zur Verfügung stellen. Weit gefehlt. Ein Beispiel:

Für die 776 Kilometer lange Fahrt von Mailand nach Neapel verlangt der private Autobahnbetreiber Autostrade 56 Euro. Wenn Sie den durchschnittlichen Benzinverbrauch von 7,9 Litern pro Kilometer ansetzen, verbrauchen Sie dabei 61 Liter Benzin. Bei einem Benzinpreis von 152 Cent pro Liter gehen dabei 90 Cent als direkte Steuern an den Staat, das entspricht mit 55 Euro ziemlich genau dem Preis des Autobahnanbieters. Hinzu kommen aber noch Kfz-Steuer, Versicherungssteuer, die Steuern beim Kauf des Autos, die Steuern und Abgaben der Mitarbeiter, die das Auto und die Straße produzieren, und so weiter. Außerdem ist das hier noch nicht einmal ein freier Marktpreis, weil der Staat Autostrade ja ein exklusives Monopol garantiert.

Autobahnen in einer Privatrechtsordnung sind auch nicht mit sogenannten öffentlich-privaten Partnerschaften (ÖPP) zu vergleichen. Diese sind oft ein Desaster, weil eben der Staat immer mitredet und das Geld der Steuerzahler verprassen darf (siehe auch Berliner Flughafen). Wenn rein private Anbieter pleitegehen, trägt die Verluste der Investor. Die Straße kann verkauft werden und ein effizienteres Unternehmen betreibt die Straße dann. Mehr dazu, dass ein privates Straßensystem günstiger und effizienter wäre, lesen Sie bei Walter Block[13].

Zudem wären die meisten Straßen insofern „umsonst“, da sie von den Anwohnern bezahlt würden. In privaten Städten oder sogenannten Gated Communities werden die Kosten für die Straßen einfach in die Immobilienpreise eingerechnet. Hinzu kommt in der Regel eine jährliche Bestandserhaltungsgebühr, die in den Nebenkosten untergeht.

Wenn Sie also jemanden in einer solchen Gegend besuchen, ist die Straße für Sie umsonst. Und natürlich ist die Qualität viel höher. Vergleichen Sie einfach beliebige private Straßen mit den öffentlichen: ein Unterschied wie Tag und Nacht. Der Grund hierfür ist natürlich, dass die Anbieter Kunden anziehen wollen, sei es für eine überregionale Straße oder für ein Wohnprojekt.

Wie man es auch sieht, die Kosten für die Benutzung von Straßen sind so gering, dass sie nicht ins Gewicht fallen. Ansonsten hätten Sie in einer Privatrechtsordnung nur noch die Ausgaben, die Sie für nötig halten.

Anarchie in der Praxis

In einer Privatrechtsordnung würden sich also gewinnorientierte Unternehmen um die Sicherheit kümmern. Dabei ist es wichtig zu verstehen, dass der Markt zur Arbeitsteilung (siehe den Klassiker „Ich, der Bleistift" von Leonard E. Read) und Spezialisierung neigt. Beispielsweise gibt es in Deutschland nur vier große Autohersteller, aber hunderte von Zulieferern, die sich jeweils auf das konzentrieren, was sie am besten können. Ähnlich würde es sich in der Sicherheitsbranche verhalten.

Zwar wäre es theoretisch denkbar, dass ein Konzern beispielsweise gleichzeitig die Versicherung gegen Diebstahl anbietet und die Sicherheitsmannschaft, die Ihr Haus bewacht oder die Verbrecher fängt. Es ist aber äußerst unwahrscheinlich, dass sich das durchsetzt, weil hier erhebliche Interessenskonflikte entstehen (Moral Hazard). Ein Versicherer hat zum Beispiel das Interesse, die Versicherungssumme nicht auszuzahlen. Wenn dasselbe Unternehmen auch die Ermittlungen führt, bestünde die Gefahr, die Untersuchungsergebnisse so zu manipulieren, dass die Auszahlungssumme möglichst niedrig ist. Wenn also beispielsweise die Versicherungssumme bei Selbstmord niedrig oder - wie in der Regel - null ist, besteht die Neigung, einen Mord als Selbstmord zu deklarieren. Das tut heute auch der Staat, weil er dann keine Arbeit hat und die Statistik schönen kann.

Ein weiteres Problem besteht darin, die ganzen Sicherheitskonzerne zu koordinieren. Was ist, wenn der Verbrecher in ein Territorium flieht, in dem der Konzern nicht oder nur schlecht vertreten ist? Wie würden Sie dieses Problem lösen, wenn Sie Unternehmer wären?

Die Rückkehr der Kopfgeldjäger

Bei wirtschaftlichem Handeln, eigentlich bei jeder Handlung, geht es um Anreize. Wie müsste also ein Anreiz aussehen, der obige Probleme löst? Die Lösung liegt in einem Wort und das ist eigentlich nur ein anderer Ausdruck für Anreiz:

Belohnung.

Im gar nicht so wilden Westen (siehe „The Not So Wild Wild West“)[14] hat man das Problem der Ergreifung von Verbrechern damit effizient gelöst, dass man ein Kopfgeld auf sie ausgesetzt hat. Auch der Staat setzt heutzutage ab und zu Belohnungen für sachdienliche Hinweise aus.

Dieses System könnte man aber nicht nur für die Ergreifung der Täter, sondern auch bei der Ermittlung von Straftaten anwenden. Ich schlage folgende Methode vor:

A versichert sich gegen Mord. Wenn er stirbt, wird automatisch eine bestimmte Summe für die Aufklärung des Falles zur Verfügung gestellt. Dieses Geld wird an denjenigen ausgezahlt, der das Verbrechen aufklärt, sollte es sich um eines handeln. Über die Auszahlung entscheidet ein vom Versicherer unabhängiges Unternehmen, das vorher von A festgelegt wird. Da nur ein verschwindend kleiner Teil der Sterbefälle einen Mord als Ursache hat, wäre diese Versicherung sehr billig. Dazu ein Zahlenbeispiel:

Eine Risikolebensversicherung über eine Million Euro für einen Zwanzigjährigen mit zwanzig Jahren Laufzeit kostet etwa 25 Euro im Monat (siehe Vergleichsportale). Von 925.000 Todesfällen[15] in Deutschland wurden 2015 aber nur 373 als Mord klassifiziert. Die Zahl ist sicher zu niedrig, weil der Staat einen Anreiz hat, eine natürliche Todesursache anzunehmen, weil er dann nicht ermitteln muss. Aber Sie sehen schon, dass das bei so wenig Fällen nicht ins Gewicht fällt. Selbst wenn man alle 10.000 Selbstmorde als Mord ansehen würde, wären die Zahlen sehr niedrig.

Gingen wir von zehntausend Morden aus, kostete eine Versicherung gegen Mord ein Prozent (10.000/925.000) von 25 Euro, das wären 0,25 Euro. Nehmen wir die offizielle Mordrate, kommen wir auf einen Cent pro Monat! Sie sehen also, es geht um lächerliche Beträge. Sie könnten auch zehn Millionen Euro für die Ermittlungen zur Verfügung stellen. Dann wären es nach offiziellen Zahlen zehn Cent, nach tatsächlichen Morden vielleicht doppelt so viel.

Wie viel gibt der Staat heute für die Aufklärung von Verbrechen aus? 2016 wurde 6,4 Millionen Straftaten erfasst. Für Polizei und Justiz gibt der Staat 1,6 Prozent des BIP von 3,1 Billionen Euro, also knapp 50 Milliarden Euro, also 7.750 Euro pro Straftat aus. Für Mordaufklärung (und komplexe Wirtschaftsverbrechen) wird sicherlich pro Fall am meisten ausgegeben. Aber Sie sehen schon, zehn Millionen Euro pro Mord reichen locker.

Durch das Belohnungssystem tritt aber ein interessanter Effekt auf, der dazu führt, dass weit mehr ausgegeben wird als die ausgelobte Summe. Von einem ökonometrischen Standpunkt aus gesehen würde man davon ausgehen, dass die Summe der Aufwendungen am Ende in etwa der ausgelobten Belohnung entspricht, minus der branchenüblichen Rendite. Aber das ist nur ein idealisiertes Modell. In der Praxis drängen immer Newcomer auf den Markt, die sich zum Beispiel durch die Aufklärung eines Falles einen Namen machen wollen. Sie wären vielleicht sogar bereit, mehr als die zehn Millionen auszugeben, nur um an die Publicity zu kommen.

Es ist schwer zu sagen, wo der optimale Punkt liegt. Möglicherweise würden private Detekteien bis zu zehn Prozent ausgeben, um an die Gesamtsumme zu kommen. Unternehmen, die sich regelmäßig verkalkulieren, scheiden aus dem Markt aus. Entscheidend ist aber das: Die zehn Millionen (oder welche Summe auch immer) bleiben immer im Feuer, beziehungsweise so lange, wie vorher vereinbart. Danach richtet sich dann die Prämie. Da es sich aber um Pfennigbeträge handelt, wird die Laufzeit des Kontraktes so lange wie möglich sein.

Nehmen wir also an, eine Reihe von Detektivagenturen hat Geld ausgegeben und an irgendeinem Punkt geben alle auf, weil sich die Hinweise auf ein Verbrechen nicht verdichten. Plötzlich taucht ein neuer Hinweis auf. Ein Teil des Geldes würde immer für sachdienliche Hinweise aus der Bevölkerung zur Verfügung gestellt, so dass kein Mangel an Informanten herrschen sollte. Ein neuer Zeuge könnte auftauchen, ein gefälschter Abschiedsbrief, ein falsches Alibi und so weiter. Egal, wie viel vorher ausgeben wurde, plötzlich ist der Anreiz da, weiter zu ermitteln.

Die Agenturen, die schon viel Geld ausgegeben hatten, haben jetzt den Anreiz, ihre Investition zu retten und besitzen einen Wissensvorsprung durch die bereits gesammelten Informationen. Sie könnten diese Informationen auch weiterverkaufen, um einen Teil ihrer Investitionen hereinzubekommen. Aber ein Newcomer könnte auch ganz von vorne anfangen, denn mit diesem neuen Hinweis hat sich das Chance/Risiko-Verhältnis erheblich verbessert.

Es ist auch möglich, dass die Verträge mit den Agenturen so gestaltet werden, dass er die Informationen mit dem Auftraggeber (der über die Auszahlung entscheidet) teilen muss, wobei kaum verhindert werden kann, dass eine Agentur Informationen zurückhält.

Aber wie man es dreht und wendet, es besteht ein enormer ökonomischer Anreiz, den Fall aufzuklären.

Vergleichen Sie das mal mit der heutigen Situation. Heute entscheidet ein einzelner überarbeiteter Staatsanwalt über den Fall. Ermittelt wird von schlecht bezahlten Polizisten mit Überstunden, die nicht das geringste ökonomische Interesse an dem Fall haben. Sie sind unkündbar und wenn sie nicht selber ein Verbrechen begehen, behalten sie auch ihren Job, wenn sie eine ruhige Kugel schieben. Das soll nicht heißen, dass es gar keine Polizisten gibt, die sich nicht trotzdem reinhängen.

Aber der Frust, gerade der Polizisten, wird dank der Politik immer größer. Wenn sie mal einen Verbrecher schnappen und es handelt sich auch noch um einen Migranten, wird dieser in der Regel sowieso sofort wieder auf freien Fuß gesetzt oder bekommt eine lächerlich geringe Strafe. Alleine die Nachrichtensektion meiner Webseite zeigt hunderte solcher Fälle. Und das ist nur die Spitze des Eisberges, der an die Öffentlichkeit gegeben wird.

Das Belohnungssystem erklärt auch, wer die Täter ergreift. Ein Teil des Geldes wird immer für die Ergreifung des Täters ausgesetzt. Also hat jede Sicherheitsfirma in einer Privatrechtsordnung ein Interesse an der Ergreifung von Verbrechern. Außerdem wollen sie natürlich ihre Kunden schützen, weil sie sonst ihre Aufträge verlieren. Nichts wäre für eine Sicherheitsfirma peinlicher, als wenn sich ein gesuchter Verbrecher in ihrer Region aufhält und dann einen Kunden überfällt.

Jetzt versetzen Sie sich einmal in die Lage eines Verbrechers von heute und morgen. In welcher Welt wollen Sie lieber Verbrecher sein? In der heutigen, in der ein überarbeiteter, schlecht bezahlter Kommissar für Sie zuständig ist und die

Strafen lächerlich gering sind, oder in der von morgen, wo hunderte von Detektivagenturen Sie jagen, um an die Belohnung zu kommen, die auf Ihren Kopf ausgesetzt ist?

Ich denke, Sie würden ihren „Job" als Verbrecher ganz schnell an den Nagel hängen. Genau das ist damit gemeint, wenn ich oben schreibe, bei Abschaffung des Monopols steigt die Qualität und der Preis sinkt.

Ein weiterer Aspekt ist, dass vor allem arme Menschen enorm von so einem System profitieren würden. Nehmen wir als Extremfall einen Bettler. Gegen Diebstahl muss er sich nicht versichern, denn er lebt von der Hand in den Mund. Stiehlt ihm einer den Klingelbeutel, muss er am nächsten Tag länger betteln, isst einen Tag nichts oder geht zu einer Tafel.

Möglicherweise hat er auch kein großes Interesse sich gegen Mord zu versichern, weil ihm ohnehin als Bettler ein gewisser Fatalismus zu eigen ist. In einer zivilisierten Welt, in der keine Islamisten rumlaufen, die einfach so „Ungläubige" abschlachten, gibt es kaum einen ökonomischen Grund, ihn zu töten. Aber private Hilfsorganisationen könnten ein Interesse daran haben, ihn zu versichern. Da das nur wenige Cent kostet, könnten sie ihn zusätzlich zu der Suppe, die sie ihm geben, auch noch versichern. Er müsste beispielsweise nur einen Fingerabdruck hinterlassen.

Das Interessante ist nun: Stirbt er, ist plötzlich ein ökonomisches Interesse da, den Fall aufzuklären. Heute interessiert sich weder die Polizei noch die Öffentlichkeit groß, wenn ein Bettler stirbt. Eine private Detektei aber schon, denn sie bekommt die Belohnung, egal um wen es sich handelt. Die Hilfsorganisation hat auch ein Interesse daran, sachdienliche Hinweise zu geben, denn dann winkt ein Teil der Belohnung, der wiederum für wohltätige Zwecke ausgegeben werden kann. Der Bettler ist aber nur ein Extremfall.

Grundsätzlich haben arme Leute keine große Lobby. Da die Absicherung aber so günstig ist, ist garantiert, dass sich private Detekteien auch um die Aufklärung solcher Fälle kümmern werden. Zehn Millionen Euro sind zehn Millionen Euro.

Wenn Sie ein Krimifan sind, kommen Sie vermutlich gleich auf den Gedanken, dass dies ein Anreiz wäre, den Bettler ermorden zu lassen und dann den Fall aufzuklären, um an die Belohnung zu kommen. Aber die wird ja nur ausgezahlt, wenn der Mörder ergriffen wird, und der würde sicher im Austausch für eine geringere Strafe als erster singen, wer ihm den Auftrag gegeben hat. Außerdem hat die Versicherung ein Interesse daran, nicht auszuzahlen, und würde Gegenaufklärung betreiben, wenn ihr etwas verdächtig vorkommt.

Aber grundsätzlich ist es sehr wichtig, zu untersuchen, welche Interessenskonflikte sich bei so einem System ergeben würden und wie sie vermieden werden können.

Die moralische Versuchung: Mögliche Interessenkonflikte

Ich habe in meinen vorigen Büchern schon darauf hingewiesen, dass man Vertragsbeziehungen mit Hilfe der Prinzipal-Agent-Theorie untersucht. Ich will aber versuchen, die Fachbegriffe zu vermeiden. Am Ende geht es immer darum, dass es bei Verträgen grundsätzlich zu Interessenkonflikten kommen kann.

Im Falle der Belohnung für das Ermitteln eines Verbrechens hat die Versicherung zum Beispiel das Interesse, die Summe nicht auszuzahlen. Sie sollten aber bei allem, was Sie jetzt lesen, im Hinterkopf behalten, dass es für ein Unternehmen im freien Markt sehr riskant ist, sich gegenüber dem Kunden schlecht zu verhalten. Wettbewerber haben immer ein Interesse daran, Missstände beim Konkurrenten aufzudecken.

Der Staat hingegen bleibt immer da, egal wie viel Unrecht er spricht. Deshalb ist die Anzahl der Skandalurteile in einem Staat grundsätzlich um ein Vielfaches höher als in einer Privatrechtsordnung. Sie müssen nur an einem beliebigen Tag die Zeitung aufschlagen. Und dann fragen Sie sich, ob dieser Richter oder jener Polizist auf einem freien Markt seinen Job behalten hätte.

Ein wirklich freier Markt produziert aber nicht nur bessere Leistungen aufgrund der Konkurrenz, er findet auch die besseren Regeln. In diesem Fall wäre unmittelbar klar, dass das Unternehmen, das über die Auszahlung der Belohnung entscheidet, eine besondere Machtposition innehat. Allen professionellen Vertragspartnern wäre das klar. Zum Beispiel müsste sich das auszahlende Unternehmen natürlich seinerseits versichern und sich damit bestimmten Regeln unterwerfen.

Sowohl die Rückversicherer der auszahlenden Versicherung als auch die Versicherungen der ermittelnden Detekteien hätten dann das Recht, eine Art Wirtschaftsprüfung durchzuführen und zum Beispiel die Beweise und die Kommunikation mit den anderen Vertragspartnern einzusehen.

Sollten dort Ungereimtheiten auftauchen, könnte das Unternehmen ausgewechselt werden. Die Sicherheit kommt dadurch ins System, dass die Detekteien ein Interesse an der Auszahlung haben und die Versicherung nicht. Das Unternehmen, das über die Auszahlung entscheidet, bezieht seine Reputation wiederum daraus, dass es fair und ausgewogen handelt.

Das grundsätzliche Problem der Korruption behandele ich im folgenden Abschnitt über die Gerichtsunternehmen.

Der neutrale Richter

Wie werden nun neutrale Gerichtsunternehmen ausgesucht? Betrachten wir zunächst den einfachsten Fall, wenn sowohl der Kläger als auch der Beschuldigte versichert sind. Zunächst werden beide Versicherungen versuchen, eine einvernehmliche Lösung zu finden, weil das Gerichtskosten spart. Wenn sowohl Kläger als auch Beschuldigter einverstanden sind, hat sich der Fall erledigt.

Ist einer der Beteiligten nicht einverstanden, geht es vor Gericht. In der Regel haben die großen Versicherer ohnehin untereinander bereits festgelegt, aus welchem Portfolio von Gerichtsunternehmen man sich bedienen will. Je nach Fall wird es ein Gericht vor Ort sein und vor allem eines, das auf solche Art von Fällen spezialisiert ist. Außerdem wird es eine Reputation für schnelle Abwicklung und faire Preise haben, denn daran haben alle Beteiligten ein Interesse.

Sie sehen hier schon einen gewaltigen Unterschied zu staatlichen Gerichten. Gerichtsverfahren ziehen sich oft über Monate oder gar Jahre hin. Einmal, weil es dem Monopolisten ohnehin egal sein kann, zweitens, weil er gar kein ökonomisches Interesse an einer schnellen Abwicklung hat, und drittens weil der Staat ganz grundsätzlich ineffizient arbeitet.

Die Kunden kriegen davon in der Regel gar nichts mit, aber nehmen wir an, einer der beiden will partout das Gericht nicht akzeptieren und die Streithähne können sich nicht auf eines einigen. Eine Regel, die dann beispielsweise in den Verträgen stehen könnte, wäre, dass sich der Kläger ein beliebiges Unternehmen aus dem Portfolio des Versicherers des Beklagten aussuchen könnte. Diesem Unternehmen hat der Beklagte ja bereits zugestimmt. Da in der Mehrzahl aller Fälle der Kläger schon einen Grund für seine Klage haben wird, dürfte er die erste Wahl haben.

In der nächsten Instanz könnte sich dann zum Beispiel der Beklagte ein Unternehmen aus dem Portfolio des Klägers aussuchen. Kommt dieses Gerichtsunternehmen zum selben Schluss, müsste der Beklagte das Urteil akzeptieren, es sei denn, es tauchen neue Beweise auf.

Einschub dazu: Es gäbe immer mehrere Instanzen, weil die Versicherer haften. Wenn sich einmal herausstellt, dass jemand zum Beispiel jahrelang unschuldig im Gefängnis saß, ist das sehr teuer. Daher ist grundsätzlich das Interesse groß, zu einem fairen Urteil zu kommen, außer bei einem Kläger, der aus reiner Bösartigkeit klagt. Demgegenüber stehen aber die Interessen beider Versicherer und des Beklagten.

Wie sieht es nun aus, wenn einer der beiden keine Versicherung hat? Er kann sich natürlich auch freiwillig auf ein Gerichtsunternehmen einigen, was er in der Regel tun wird. Je komplizierter er es für die Gegenseite macht, desto teurer wird es für ihn, wenn er am Ende verliert. Aber nehmen wir an, er akzeptiert keines der vorgeschlagenen Unternehmen und er hat ja auch vorher keinem Portfolio zugestimmt.

Nun, dann hat er eben Pech gehabt. Er wird einem vom Versicherer des Klägers vorgeschlagenem Gericht vorgeführt. Er hat ja niemanden, der ihn schützt. Er kann gar nicht Kunde eines Sicherheitsunternehmens sein, denn dieses hätte von ihm verlangt, sich zu versichern. Er könnte theoretisch im Nachhinein ein Sicherheitsunternehmen damit beauftragen, aber dieses wäre auch versichert und in dessen Bedingungen stünde sicherlich, dass man nicht im Nachhinein jemanden schützen darf, der sich allen Gerichten verweigert. Das Sicherheitsunternehmen müsste also wegen diesem einen Kunden einen Krieg anfangen, das würde natürlich niemand tun.

Heißt das, mit diesem Verweigerer würde man nun machen was man will? Nein, man wird ihn trotzdem einem Gericht mit einer guten Reputation vorführen, weil es ökonomisch keinen Sinn macht, ihn einfach so in den Kerker zu werfen. Es könnte schlechte Presse geben, Verwandte und Freunde könnten klagen. Er selber beweist vielleicht irgendwann seine Unschuld und so weiter.

Wenn das Gericht ihn dann schuldig spricht, muss er seine Strafe antreten. Im Gefängnis kann er immer noch versuchen, seine Unschuld zu beweisen. Aber es ist ganz klar, dass es besser ist, eine Versicherung für ein paar Euro abzuschließen, als sich all diesen Risiken auszusetzen. Das heißt jedoch nicht, dass man ohne Versicherung grundsätzlich rechtlos wäre.

Auch hier gilt: Alle Unternehmen müssen auf ihre Reputation achten. Wenn völlig sinnlos unversicherte Leute weggesperrt würden, die eigentlich unschuldig sind, gäbe das sicherlich einen Aufschrei. Das sind typische Life-Boat-Szenarien, die in der Realität kaum vorkommen werden. In aller Regel ist einer der beiden wirklich ein Verbrecher und es geht dann eben darum, ihm das zu beweisen und eine Strafe auszusprechen. Hat er eine Versicherung, fällt ihm die Verteidigung eben etwas einfacher, aber dann hat er wiederum auch im Vorhinein dem Prozedere und auch der möglichen Bestrafung zugestimmt.

Strafen in einer Privatrechtsordnung

Wie sähen nun die Strafen in einer Privatrechtsordnung aus? Ganz einfach, die Strafen wären genau so bemessen, dass die Anzahl der Verbrechen minimiert würde.

Es gibt unter manchen Libertären die Ansicht, ein Dieb müsste nur das Diebesgut zurückgeben. Das ist natürlich völliger Unsinn. Niemand würde einer solchen Regelung zustimmen, denn dann wäre es ja für jeden rational zu stehlen, weil er im Zweifel nur das Gestohlene zurückgeben muss, aber in allen Fällen, in denen er nicht erwischt wird, würde er einen Gewinn verbuchen. Nun könnte man einwenden, dass der Libertäre, der so hirnrissig argumentiert, eben doch so einer Regelung zustimmen würde. Aber alle geistig gesunden Menschen nicht. Es gäbe gar keine Versicherung, die solch eine hirnrissige Regelung anbieten würde (beziehungsweise solche Gerichtsunternehmen im Portfolio hätte), weil sie dann andauernd damit beschäftigt wäre, Diebesgut von Verbrechern zu ersetzen, die nicht erwischt wurden.

Auf jeden Fall müsste der Dieb nicht nur das Diebesgut ersetzen, er müsste auch die Kosten des Verfahrens, seiner Ermittlung und Ergreifung tragen. Die Versicherung des Opfers will ja ihr Geld zurück. Es käme aber sicher noch eine Strafe obendrauf, die sich nach der Schwere des Verbrechens richtet. Dazu ein besonders krasses Beispiel, wie der deutsche Staat das handhabt:

Im April 2017[16] wurde ein 23-jähriger Türke wegen des Vorwurfes der Vergewaltigung freigesprochen, obwohl die Richterin (!) keinen Zweifel an der Darstellung des Opfers hatte. Der Täter hat den Kopf des Opfers zwischen die Metallstreben des Bettes geklemmt und vier Stunden lang vergewaltigt, obwohl sie sich mit Händen und Füßen gewehrt hat. Der Täter wurde freigesprochen, weil es möglich gewesen sei, dass er mit der „Mentalität des türkischen Kulturkreises" die Vergewaltigung für wilden Sex gehalten haben könnte.

Das ist natürlich völliger Unsinn. Dabei muss man verstehen, dass der Staat auch bei Fällen, in denen er theoretisch neutral sein könnte, weil er ja nicht direkt in den Konflikt involviert ist, nicht neutral ist. Richter sind Angestellte des Staates und folgen daher dessen Ideologie. Speziell in Deutschland herrscht unzweifelhaft die Ideologie, dass Migranten einer besonders schützenswerten Spezies angehören, deren „Kultur" man verstehen und sie deshalb mit Samthandschuhen anfassen müsse. Dazu genügt ein Blick in die Tageszeitung oder auf meine Webseite. Es gibt hunderte, wenn nicht tausende von Fällen, in denen Migranten niedrigere Strafen bekommen als Deutsche.

Nicht immer liegt der Fall so krass wie hier. Aber die Tendenz ist so eindeutig, dass sogar einem „Spiegel"-Journalisten der Kragen platzte, als er einmal als Schöffe in einem Berliner Gericht arbeitete und miterlebte, wie Migranten mit lächerlichen Strafen davon kamen. Der Spiegel-Bericht kann nur mit Bezahlung abgerufen werden, daher zitiere ich aus dem Artikel des Wochenblicks vom 22. Juli 2017:

„Mehr als ein Dutzend Fälle habe ich erlebt (...) Ich habe noch keine angeklagte Frau gesehen. Immer nur Männer, junge Männer. Die meisten hatten das, was man einen Migrationshintergrund nennt.

Angeklagte werden immer brutaler

Fast ein Viertel aller Tatverdächtigen ist jünger als 21. (...) Manche haben mehr Einträge im Strafregister, als sie Lebensjahre zählen", schildert Sven Böll seine Erfahrungen am Kriminalgericht Moabit, das größte Strafgericht Europas. Pro 100.000 Einwohner wurden in Berlin vergangenes Jahr 16.000 (erfasste!)

Straftaten begangen. Überwiegend von Migranten.

„Körperverletzung, sexueller Missbrauch, räuberische Erpressung. Meistens sind es geradlinige Karrieren, mit jedem Fall testen die Angeklagten sich mehr aus und werden ein bisschen brutaler", schreibt Böll in seinem Spiegel-Bericht.

Staat macht sich lächerlich

„Das kann doch nicht sein", ist der linke Journalist empört, als er über einen Verbrecher aus Nordafrika berichtet, der freigelassen wurde. Er beraubte und belästigte wehrlose Menschen und führte das Gericht an der Nase herum. Wie üblich unter Asylanten, gab auch er bei der Einreise ein falsches Alter an, damit er nach dem Jugendstrafgesetz verurteilt wird.

Dann kommt der Spiegel-Mann zu dem völlig richtigen Schluss:

Am Ende scheitert hier auch unser Staat.

Wie Sie so langsam erkennen können, ist es aber kein Zufall, dass der Staat hier scheitert, sondern das zwingende Resultat dessen, dass er das Monopol auf Rechtsprechung hat, denn:

Glauben Sie wirklich, es gäbe auch nur ein einziges Vergewaltigungsopfer, welches ein Gerichtsunternehmen akzeptieren würde, das so ein Urteil fällt, wie das über den brutalen türkischen Vergewaltiger?

Sicher, in Deutschland gibt es linke Politikerinnen, die durch staatliche Umerziehung so degeneriert sind, wie jene, die sich sogar noch bei ihren arabisch aussehenden Gruppenvergewaltigern entschuldigt hat.[17] In einer Privatrechtsordnung stünde es ihr natürlich frei, ihren Vergewaltigern als Entschuldigung noch einen zu blasen, aber wie auch im Fall des

Libertären gesehen, wäre eine solche Einstellung die absolute Ausnahme und keine Versicherung würde so einen Tarif anbieten. Wer gerne von „Flüchtlingen" vergewaltigt wird, versichert sich ja nicht dagegen. Alle anderen werden auf eine möglichst hohe Strafe dringen.

Niemand, der noch bei Trost ist, würde einen Vertrag unterschreiben, in dem steht: Wenn der Vergewaltiger aus einem „anderen Kulturkreis" kommt, ist er besonders milde zu bestrafen. Die Versicherung hätte natürlich schon deshalb kein Motiv, solch eine schwachsinnige Regelung überhaupt zu offerieren, weil sie sonst andauernd Verfahrenskosten und Schadensersatz bezahlen müsste.

Obige Richterin wäre nach so einem Skandalurteil umgehend entlassen worden und die Entscheidung wäre schnellstmöglich revidiert worden. Zu groß wäre für das Gerichtsunternehmen die Gefahr, nie mehr einen Auftrag zu bekommen. Womöglich wäre die Richterin sogar in Haftung genommen worden, falls der Vergewaltiger wieder zugeschlagen hätte, bevor er erneut in Gewahrsam genommen werden konnte. In einer Privatrechtsordnung würden Richter, deren Urteile zu oft in der nächsten Instanz revidiert werden, ohnehin aussortiert.

Der Markt würde durch Wettbewerb entscheiden, welche Quote an Fehlurteilen tolerabel ist. Unternehmen würden ausprobieren, welche Quote die Anzahl der Fehlurteile minimiert, weil sie daran von den Kunden und den Versicherungen gemessen werden. Es könnte sich zum Beispiel herausstellen, dass es vorteilhaft ist, wenn alle Richter, deren Urteile in mehr als zehn Prozent der Fälle revidiert werden, entlassen werden. Es ist unmöglich, vorherzusagen, wo die optimale Quote liegt, aber es ist möglich, vorherzusagen, dass solch ein Mechanismus zwingend die Qualität der Urteile erhöht.

Vergleichen Sie dieses Szenario einmal mit der jetzigen Situation. Die Richterin, die den türkischen Vergewaltiger frei ließ, fällt heute noch Urteile. Sie wird wahrscheinlich sogar (oder gerade wegen ihres Skandalurteils!) irgendwann befördert. Sie bekommt ihr jetziges Gehalt und später ihre üppigen Pensionen aus Ihren abgepressten Steuern, auch aus den Steuern des Vergewaltigungsopfers!

Erkennen Sie, wie alleine dadurch die Qualität der Rechtsprechung und Sicherheit in einem Staat nahezu unendlich viel schlechter sein *muss* als in einer Privatrechtsordnung?

Wie hoch wären nun die Strafen: Da die Opfer und die Versicherungen ein Interesse an möglichst wenigen Verbrechen haben, würde sich eine Strafe einstellen, die genügend Täter abschreckt. Denn letztendlich trifft auch der Verbrecher ein ökonomisches Kalkül, das aus zwei Komponenten besteht: Wie hoch ist mein Risiko, erwischt zu werden, und wie hoch ist meine Strafe?

Wie wir schon gesehen haben, ist eine Privatrechtsordnung wesentlich effizienter in der Ermittlung der Täter. Das schreckt schon einmal viele Verbrecher ab. Wäre aber nun die Strafe, nur den Schaden zu ersetzen, hätte er trotzdem einen positiven Erwartungswert. Die Strafe muss also empfindlich sein. Die Gerichte werden im Regelfall lokale Institutionen sein. Zwar gehören sie möglicherweise zu einem größeren Konzern, aber sie passen sich den lokalen Gegebenheiten an. Sollten Vergewaltigungen in einer bestimmten Gegend ein großes Problem darstellen, werden die Strafen dort sukzessive erhöht, bis sich das Problem erledigt.

Dabei ist zu bedenken, dass es keine niedergeschriebenen Gesetze gibt. Die Gerichtsunternehmen, die sich durchsetzen, sind diejenigen, die sinnvolle Strafen aussprechen. Aber würde sich dann nicht sogar für das kleinste Verbrechen die Höchststrafe durchsetzen? Nein. Dafür gibt es mehrere Gründe:

Zum ersten ist es ökonomisch nicht sinnvoll, jeden für immer wegzusperren. Dazu eine Zahl: Das Bruttoinlandsprodukt pro Kopf in Deutschland beträgt etwa 40.000 Euro. In anderen Ländern und in einer PRG ist es noch viel höher, weil der Staat die Wirtschaft nicht einschränkt (wie man in der Tendenz auch an den Ländern mit einem höheren BIP sieht). Bei 40 Arbeitsjahren erwirtschaftet ein Deutscher also etwa 1,6 Millionen Euro. Es geht hier nicht um die genaue Zahl, sondern um die Dimension. Jeder Mensch ist also ein wandelnder Geldschrank, sofern er nicht kriminell wird.

Die meisten Unternehmen haben also durchaus ein Interesse daran, Menschen eine zweite Chance zu geben, damit sie sich in die Gesellschaft integrieren. Auch dem Opfer beziehungsweise dessen Versicherung ist daran gelegen, denn der Täter muss ja die Kosten des Verfahrens tragen. Zur Entschädigung des Opfers: In einem Staat bekommt das Opfer so gut wie gar nichts und muss über die Steuern sogar noch für das Verfahren und die Unterbringung des Täters zahlen. In einer PRG versichern sich die Kunden auf eine bestimmte Entschädigung.

Speziell das deutsche Rechtssystem stammt aus einer Zeit, in der sich die Leute noch duelliert haben. Deshalb werden Verbrechen gegen Leib und Leben im Verhältnis zu Eigentumsdelikten (vor allem Steuerhinterziehung, die eigentlich Notwehr ist) viel zu gering bestraft. Opfer von Gewalttaten, vor allem Vergewaltigungen, leiden oft ein Leben lang. Entsprechend hoch wäre die Versicherungssumme. Sie könnte bei Vergewaltigungen durchaus eine Million betragen. Beliebig hoch wäre die Summe wohl nicht, da sonst der Anreiz extrem hoch wäre, eine Vergewaltigung vorzutäuschen (dazu gleich mehr), aber die Entschädigungen wären sicher viel viel höher als heute.

Diese Summe bringt zunächst die Versicherung auf. Bei so hohen Summen kann man aber nicht davon ausgehen, dass sie jeder Verbrecher aufbringen kann. Wenn es aussichtslos ist, jemals auf einen grünen Zweig zu kommen, ist der Anreiz gering, wieder ehrlich zu werden. Im Marktprozess wird sich herausstellen, ab welcher Schwelle Menschen bereit sind, wieder ehrlich zu werden.

Die Versicherung könnte mit dem Verurteilten zum Beispiel Verträge mit entsprechenden Klauseln abschließen. Etwa dass er die Wahl hat, einen bestimmten Teil seines Einkommens zur Rückzahlung abzugeben oder alternativ länger im Gefängnis zu schmoren.

Eine Möglichkeit ist zum Beispiel „Zwangsarbeit" im Gefängnis. In Wirklichkeit gibt es keine Zwangsarbeit. Man kann zwar jemanden zwingen, acht Stunden lang eine bestimmte Tätigkeit auszuführen, aber man kann ihn nicht zwingen, das auch gut zu tun. Dafür braucht er eine Motivation. Die beste Möglichkeit wäre Akkord-Arbeit, also eine Tätigkeit, bei der man anhand produzierter Güter abrechnet. Je schneller er arbeitet, desto schneller kommt er beispielsweise heraus und kann dann den Rest mit ehrlicher Arbeit zurückzahlen. Lebenslängliche könnte man mit Hafterleichterungen motivieren. Besseres Essen, Einzelzelle, Fernsehen und so weiter.

Wer wieder rauskommt und noch nicht alles bezahlt hat, müsste zum Beispiel einer Überwachung zustimmen, einer Fußfessel oder ähnliches. Die Möglichkeiten sind schier unendlich. Ich will Ihnen hier nur eine Idee geben, wie es laufen könnte. Im Marktprozess wird sich herausstellen, welche Regeln am sinnvollsten sind.

Es wird aber nicht so sein, wie ich es auch schon bei Libertären gelesen habe, dass sich der Verbrecher irgendein Luxushotel als Gefängnis heraussuchen kann, denn dann gäbe es keine Abschreckungswirkung und die Versicherten würden das auch nicht mitmachen. Aber die Strafen wären eben so ausgerichtet, dass einerseits die Anzahl der Verbrechen minimiert wird, aber auch die Chance besteht, dass der Täter wieder produktiv wird.

Ein kurzer Einschub zur Todesstrafe: Gäbe es die? Theoretisch ja, ich denke aber in der Praxis nicht. Sie müssen bedenken, dass zumindest ein Versicherter dieser Strafe zustimmen muss. Er müsste also unterschreiben, dass er selber getötet wird, wenn er verurteilt wird. Da vermutlich fast jeder Angst hätte, fälschlich verurteilt zu werden, würden die meisten wohl auf diese Bestrafung verzichten.

Aber in einem Fall könnte sie doch zur Anwendung kommen. Nehmen wir den glasklaren Fall eines Serienmörders, dessen Spuren an vielen Opfern gefunden wurde. So jemanden würde man nie mehr auf die Gesellschaft loslassen. Wie motiviert man ihn nun, im Gefängnis zu arbeiten? Man könnte ihn vor die Wahl stellen, zu arbeiten oder getötet zu werden. So einer Regelung würden vermutlich viel mehr Menschen zustimmen. Denn Unschuldige hätten zumindest die Möglichkeit, weitere Revisionen anzustreben, sie müssten eben nur arbeiten.

In Gegenden wie Europa würde sich vermutlich nicht einmal das durchsetzen, aber zum Beispiel auf dem heutigen Gebiet der USA oder anderen Ländern, in denen jetzt die Zustimmung zur Todesstrafe noch hoch ist. Auch hier ist zu bedenken, dass eine PRG wesentlich effizienter wäre, es also zu viel weniger Fehlurteilen käme, etwa weil eben schlechte Richter aussortiert würden. Bei harten Strafen wären auch sicherlich die Beweishürden an eine Verurteilung höher. Schließlich haftet auch hier die Versicherung für ein Fehlurteil.

Mein Prognose wäre, dass im Zeitablauf die Todesstrafe völlig verschwinden würde, weil aufgrund der höheren Effizienz Verbrechen so selten geworden sind, dass das einfach gar kein Thema mehr wäre. Mit einer PRG setzt automatisch ein Zivilisierungsprozess ein, der generell zu friedlicherem Verhalten führt. Dazu gleich mehr.

Die größten Probleme bereiten regelmäßig sogenannte Intensivstraftäter oder Wiederholungstäter. Nach Untersuchungen der Landeskriminalämter sind beispielsweise bei Jugendlichen eine relativ kleine Gruppe von drei bis fünf Prozent, die Wiederholungstäter sind, für 30 bis 60 Prozent der Straftaten verantwortlich. Die Zahlen variieren je nach Bundesland stark, weil in Großstädten die Kriminalität generell höher ist (Quelle: Heinz Duthel, „Jugendkriminalität: Störung des Sozialverhaltens – Delinquenz - Intensivtäter")

Könnte man dieses Problem in den Griff bekommen, könnte sich die Zahl der Straftaten also etwa halbieren. Bedenkt man noch, dass bis zu 50 Prozent der Straftaten[18] mit Drogen zu tun haben, also nicht nur der Gebrauch, sondern auch der Verkauf, die Beschaffungskriminalität und Gewalt bei Bandenkriegen, sieht man schon, was möglich wäre. In einer Privatrechtsordnung gäbe es keine opferlosen Verbrechen. Beim Kauf von Drogen handelt es sich ja um ein freiwilliges Geschäft.

Erinnern Sie sich noch an die 25 Euro pro Monat und Bürger, auf die der Beitrag bei Auflösung des Monopols sinken könnte? Berücksichtigt man den Wegfall der Drogenkriminalität und bekäme man Intensivstraftaten in den Griff, würden wir uns eher unterhalb von zehn Euro bewegen. Ich will hier nicht schönfärben, sondern Ihnen nur eine Idee geben, was für immense Einsparungsmöglichkeiten es gibt.
80 Prozent der Intensivstraftäter[19] in Berlin hatten darüber hinaus schon vor der Masseneinwanderung einen Migrati-

onshintergrund. Sie ahnen schon, was möglich wäre, wenn man dieses Problem in den Griff kriegen würde. Sicherheit würde weniger kosten als das Abo eines Pay-TV-Senders oder gar einer Fernsehzeitung. Auf die Einwanderung kommen wir gleich, aber glücklicherweise ist das Problem der Intensivstraftäter sehr sehr einfach zu lösen.

Erstens stellen sich diese Burschen (sie sind fast alle männlich) offenbar nicht sehr geschickt an, sonst würde selbst der ineffiziente Staat sie nicht andauern fassen. Zweitens weiß man ganz genau, wer sie sind.

In Bremen prügelte beispielsweise ein türkischer Intensivtäter den Sohn einer behinderten Frau im Streit um einen Parkplatz bewusstlos. Der feine Herr hatte schon fast 200 Straftaten auf dem Kerbholz. Der Link[20] wurde vom politisch korrekten Radio Bremen im linksgrün versifften Bundesland wieder entfernt, aber zahlreiche Blogs verweisen mit gleichem Wortlaut auf ihn und an der Adresse können Sie erkennen, dass es diese Meldung gab. Sie können aber gerne selber nach ähnlichen Fällen suchen, es ist nur schwierig, weil Sie dann die genaue Anzahl der Straftaten wissen müssen. Aber es gibt unzählige solcher Fälle.

Es ist undenkbar, dass solche Leute in einer Privatrechtsordnung noch frei rumlaufen würden. Wie ich schon erläutert habe, wäre man bei Ersttätern sicherlich gnädig, weil ein ökonomisches Interesse daran besteht. Viele Jugendliche probieren sich am Anfang aus und begehen einmal eine kleinere Straftat. In der Regel hören sie auf, wenn sie einmal erwischt werden. Häufig bleibt es bei einem Ladendiebstahl zum Beispiel bei einer Ermahnung, wenn die Eltern den Schaden begleichen und Besserung geloben. Die Scham, erwischt worden zu sein, reicht bei den meisten aus, erst recht wenn es dann doch noch vor Gericht geht.

Auch beim zweiten Mal würde ein neutraler Richter wohl noch ein Auge zudrücken, aber spätestens beim dritten Mal weiß er, dass er es mit keinem wertvollen Mitglied der Gesellschaft mehr zu tun hat. Was passiert dann? Zunächst:

In einer Privatrechtsordnung würde natürlich genauestens registriert, wer straffällig geworden ist. Es gäbe eine Art gemeinsames Register wie etwa die Schufa für Bankkunden. Dieses Register wäre aber keinesfalls mit der heutigen Schufa zu vergleichen. Die Schufa ist eine Organisation eines oligopolistischen Bankensystems.

Der Staat hat durch Vergabe des Geldmonopols eine Zentralbank geschaffen, die es den angeschlossenen Banken erlaubt, Geld aus dem Nichts zu schöpfen. Wer sich nicht an das System anschließen lässt, erhält gar keine Lizenz. Gleichzeitig sorgen unzählige Regulierungen dafür, dass der Markt von Newcomern abgeschottet bleibt. Sie müssen hohe Kapitalvoraussetzungen erfüllen, der Vorstand muss langjährige Erfahrung im Bankwesen haben, also bereits Teil des Clubs sein und so weiter. Ein solcher Club kann es sich natürlich eher leisten, Kunden wie Dreck zu behandeln, und entsprechend verhält sich die Schufa auch. Sie vergibt beispielsweise Minuspunkte und verlangt Geld dafür, dass man seinen eigenen Schufa-Eintrag anfordert!

Bei einem Strafregister sind aber *alle* Unternehmen eines wirklich freien Marktes daran interessiert, dass dieses Register die Realität so gut wie möglich abbildet. Die Unternehmen sind also sehr daran interessiert, dass es keine falschen Einträge enthält, die den potenziellen Kunden zu schlecht darstellen.

Heutzutage ist es kaum möglich, seinen Schufa-Eintrag zu revidieren, selbst wenn er falsch ist. Auch müsste eine Straftaten-Schufa sich natürlich versichern und würde für falsche

Einträge haften. Über eine derartige Haftung lacht die Schufa nur. Die machen, was sie wollen. Ich kenne einige Fälle aus dem Bekanntenkreis, da stehen Ihnen die Haare zu Berge.

Auch hier gilt: Sollte die PRG-Schufa Mist bauen, wird es einen Konkurrenten geben, der bessere Daten anbietet. Wenn Sie das nicht glauben, gründen Sie selber eine bessere.

Zurück zum Register in einer PRG: Wahrscheinlich würde sich ein System ergeben, bei dem Unternehmen schnell erkennen, um was für einen Kandidaten es sich handelt. Da die meisten Menschen wenig Interesse daran haben, dass jedem Sicherheitsmann am Einkaufszentrum der gesamte Lebenslauf zur Verfügung steht, wird es eben Versicherten-Karten geben, bei denen man grob erkennt, um wen es sich handelt, also etwa eine Art Ampelsystem. Grün bedeutet zum Beispiel, derjenige hat noch gar keine Straftat begangen. Gelb bedeutet, er hat eine begangen, und rot bedeutet mehrere. Bei einem solche Kandidaten wird dann eben genauer hingeschaut.

Ich ahne schon, es gruselt Sie. Ist das nicht der Orwellsche Überwachungsstaat, vor dem wir alle so viel Angst haben? Sie müssen sich erst einmal von der Vorstellung befreien, dass Sie in einem Staat leben. Der Staat überwacht Sie nur aus einem einzigen Grund: Er will, dass Sie seine räuberischen Steuern bezahlen. Er begründet die Überwachung natürlich anders. Beispielsweise hieß es bei den Kontenabfragen, es ginge um Terrorismus und Geldwäsche.

Tatsächlich geht es bei den jährlich mittlerweile über 350.000 Kontenabfragen fast ausschließlich darum, Steuersklaven oder Transferabhängige auszuspähen. Das ist mittlerweile sogar der vom Staat bezahlten Datenschutzbeauftragten aufgefallen. NTV berichtet[21]:

Damit sei zur Jahresmitte schon fast der Rekordwert des Vorjahres erreicht. Im Jahr 2016 habe es insgesamt 358.228 Abfragen gegeben. Im ersten Halbjahr wurden demzufolge 89.134 Konten aus steuerlichen Zwecken abgefragt und damit 69 Prozent mehr als im Vorjahr. Die Anfragen der Sozialbehörden und Gerichtsvollzieher seien sogar um 89 Prozent auf 251.131 gestiegen.

Damit beziehen sich nur fünf Prozent der Anfragen nicht auf Soziales oder Steuern. Wie viele Abfragen mit Terrorismus zu haben, sagen sie nicht. Vermutlich genau eine Abfrage, falls der US-Präsident ein Konto in Deutschland haben sollte.

Die „Überwachung" in einer PRG ist eine gänzlich andere. Erstens stimmen Sie freiwillig zu und zwar nur dann, wenn Ihnen die Regelung mehr nützt, als sie Ihnen Bauchschmerzen bereitet. Niemand muss sich versichern und niemand wird dazu gezwungen, eine Identifizierungskarte bei sich zu tragen. Möglicherweise wird es private Städte oder Gated Communities geben, die vollständig darauf verzichten. Gerade eine Gated Community kann sich dadurch schützen, dass sie ihre Außengrenzen bewacht, aber innerhalb größtmögliche Freiheit zulässt. Allerdings ist auch hier irgendeine Art der Identifikation notwendig, aber das kann etwa durch einen Fingerabdruck geschehen.

Ich habe allerdings starke Zweifel, dass die Leute große Probleme damit haben werden, immer irgendeine Karte oder ein Gerät bei sich zu tragen. Die meisten haben heute auch ein Handy dabei, auf der alle relevanten Daten gespeichert werden könnten und das auch zur Bezahlung eingesetzt werden kann.

Und da höre ich sie schon wieder, die Zweifler, die denken, sie werden uns alle einen Chip einpflanzen. Da sage ich: Nie und nimmer. Natürlich gibt es auch heute schon Menschen, die das tatsächlich freiwillig machen. Aber die Masse der

Menschen wird es nicht tun. Vielleicht gibt es dann Gated Communities für Cyberfreaks, aber auch das bezweifle ich stark. Natürlich findet man heute unter den Schafen ein paar Gehirngewaschene, die sich für ein solches Experiment hergeben. Aber wenn es keinen Staat gibt, hört auch die ständige Propaganda auf. Jedem ist bewusst, dass Freiheit ein hohes Gut ist. Die Menschen verzichten nur dann freiwillig auf Freiheit, wenn sie es als notwendig erachten, um sich zu schützen. Dazu braucht man aber keinen eingepflanzten Chip.

Ich kann Ihnen garantieren, dass ich der Erste wäre, der ein Unternehmen gründen würde, das seinen Kunden garantiert, dass sie nie einen Chip eingepflanzt bekommen. Und Millionen andere würden ebenso auf die Idee kommen. Im Staat kommt der Chip sowieso. Er wird uns einfach alle dazu zwingen.

Zurück zu den Daten, die da gesammelt werden: Sie dienen ausschließlich dazu, festzustellen, ob jemand ein Berufskrimineller ist. Das ist im Interesse aller. Sogar ein Dieb will nicht bestohlen werden, nur kann der seinen „Beruf" in solch einer Umgebung gar nicht ausüben. Damit kommen wir dazu, wie mit Wiederholungstätern verfahren werden würde. Hans-Hermann Hoppe hat es einmal in „Private Production of Defense"[22], das ich unbedingt empfehle, so ausgedrückt:

In der Tat, Versicherer würden in Kooperation miteinander versuchen, bekannte Verbrecher nicht nur aus ihrer unmittelbaren Nachbarschaft, sondern aus der Zivilisation insgesamt zu verjagen, in die Wildnis, den unbesiedelten Amazonas-Dschungel oder die Polarregionen.

Aber wie ginge das konkret vor sich? Nun, vermutlich ab der dritten Straftat - auch hier würden detaillierte Statistiken aufzeigen, ab wann jemand als unbelehrbarer Krimineller anzusehen ist - würde man dem Verbrecher ein Angebot unterbreiten, das er nicht ablehnen kann. Zunächst wäre die Strafe viel höher als beim ersten Mal. Die Strafe müsste er zunächst verbüßen und alle Schäden - mit oben geschilderten Anreizen - abarbeiten.

Danach würde ihn ein Richter vor die Wahl stellen: Entweder er bleibt für immer im Gefängnis oder er stimmt zu, für immer verbannt zu werden. Aber was hindert ihn daran, zurückzukommen? In die Gebiete, die eine Identifikation verlangen, könnte er ohnehin nicht zurück. Er könnte auch keine Wohnung anmieten, denn Mieter würden natürlich ohnehin immer überprüft. Im Falle eines Gewohnheitsverbrechers würde man aber vermutlich wirklich weiter gehen und etwa das Einpflanzen eines Chips verlangen, so dass er schon von weitem identifizierbar wäre. Wohlgemerkt, das gilt nur für Gewohnheitsverbrecher!

Natürlich kann er sich den Chip auch wieder heraus operieren lassen. Dann hat er aber immer noch keine Identifikationskarte. Wenn er dann gefasst wird, würde man ihn tatsächlich für immer einsperren. Er müsste die Kosten dafür selber abarbeiten. Als Alternative würde man ihm in diesem Fall wohl wirklich mit der Exekution drohen. So einer Regelung würden vermutlich alle rechtschaffenen Menschen zustimmen. Denn wer hat schon vor, ein Gewohnheitsverbrecher zu werden, sich einen Chip einpflanzen zu lassen, diesen wieder heraus zu operieren und an den Ort seiner Verbrechen zurückzukehren?

Selbstredend können Sie sich auch hier alle möglichen Rettungsbootszenarien eines andauernd von finsteren Mächten verfolgten Pechvogels ausdenken. Das ist Stoff für Science Fiction-Romane. Falls Sie einen schreiben wollen: Vergessen Sie es! Das werde ich schon machen. Und wenn Sie mir doch zuvor kommen wollen, benennen Sie bitte wenigstens den

Helden nach mir. Aber im Ernst:

Sie müssen diese Szenarien mit der Realität von heute vergleichen. Auch heute sitzen Unschuldige im Gefängnis und werden - zumindest in den USA[23] - sogar exekutiert. Die Wahrscheinlichkeit, dass so etwas in einer PRG passiert, ist viel geringer, da jeder Beteiligte ständig für sein Vorgehen haftet: die Versicherung, der Richter, der Detektiv und so weiter. Wer trägt heute die Verantwortung für Fehlurteile? NIEMAND! Oder haben Sie schon einmal davon gehört, dass ein staatlicher Richter für ein Fehlurteil ins Gefängnis ging oder seinen Job verloren hat oder wenigstens Schadensersatz leisten musste? Gerichtsunternehmen, die offensichtliche Fehlurteile fällen, verlieren alle Kunden, der Staat bleibt immer da.

Es macht absolut keinen Sinn, rechtschaffene Bürger zu chippen, weder ökonomisch, noch aus Gründen der Kriminalitätsvermeidung. So gut wie niemand würde dem zustimmen, also würde es sich auch nicht durchsetzen. Aber es macht sehr viel Sinn, Gewohnheitsverbrecher unter Kontrolle zu bekommen. Heute spazieren Intensivtäter bei den Gerichten ein und aus und lachen die Opfer und die Polizisten noch aus, die sie verhaftet haben.

Jemand, der auf den Staat setzt, um *nicht* gechippt zu werden, scheint unter einer Geistesverwirrung zu leiden. Der Staat ist der Einzige, der wirklich an so etwas Interesse hätte und dies auch mit dem Gewaltmonopol durchsetzen kann.

Selbst wenn Sie zu einzelnen Punkten oben eine andere Meinung haben: Es ist unzweifelhaft, dass die Anzahl der Verbrechen drastisch zurückgehen würde. Verbrechen gegen Leib und Leben würden höher bestraft. Die Welt würde sicherer und gerechter.

Korruption

Ein gern vorgebrachter Einwand gegen die PRG ist, dass sich reiche Menschen frei kaufen könnten, also zum Beispiel einen Richter bestechen. Das ist ein lustiger Einwand, denn das ist genau die Situation heute. In einer PRG wäre das ganz anders, wie Sie gleich sehen werden.

Wie könnte in einer PRG Korruption verhindert werden? Nehmen wir als Beispiel denjenigen, der am anfälligsten für Korruption wäre, den Richter. Sie können das aber auf jede Position übertragen, die einer moralischen Versuchung (Moral Hazard) unterliegt, nicht im Sinne seiner Vertragspartner zu handeln, etwa auf denjenigen, der über die Auszahlung einer Belohnung zu entscheiden hat.

Zunächst ist zu bedenken, dass für ein Gerichtsunternehmen nichts gefährlicher wäre, als in den Ruf zu geraten, korrupte Richter zu beschäftigen. Es würde sofort alle Kunden verlieren. Der Staat hingegen kann gar keine Kunden verlieren, weil alle gezwungen sind, seine „Dienstleistung" in Anspruch zu nehmen. Das alleine führt zwingend dazu, dass in einem Staat die Korruption weiter verbreitet sein *muss*. Tatsächlich ist dies das Hauptproblem in jedem Staat.

Manche Libertäre wundern sich zum Beispiel darüber, dass auch Staaten, die keinen Wohlfahrtsstaat haben, einen niedrigen Wohlstand aufweisen, obwohl der Staat nicht einen großen Teil des Einkommens der Bürger einzieht. Das liegt eben daran, dass dort die Korruption so weit verbreitet ist, dass sich Unternehmen ihrer (Fiat-)Eigentumsrechte nicht sicher sein können und daher zurückhaltend investieren. Das ist (neben IQ-Unterschieden) das Hauptproblem in den Entwicklungsländern.

Generell gilt die Faustregel, je mehr Gesetze es gibt, desto mehr Korruption herrscht. Erstens sind Gesetze oft das Ergebnis von Korruption. Große Konzerne diktieren sie den Politikern, um durch Regulierung ihre Märkte abzuschotten, immer natürlich mit der Begründung, „den Verbraucher zu schützen". Zweitens erhöhen auch originär von Politikern oder Bürokraten erfundene Gesetze die Korruption, weil sie einen Anreiz schaffen, denjenigen zu bestechen, der zum Beispiel über eine Genehmigung oder Lizenz entscheidet, oder denjenigen, der ein Gesetz durchsetzen soll, also einen Polizisten zum Beispiel.

Was könnte also ein Gerichtsunternehmen tun? Es könnte folgende Regelung vereinbaren: Wenn ein Richter ein Bestechungsangebot bekommt, darf er das Bestechungsgeld behalten, aber muss die Bestechung melden. Der Bestechende wiederum muss das Geld dann bezahlen plus eine saftige Strafe oben drauf. Außerdem könnte man die Regelung treffen, dass der Bestechende automatisch die Höchststrafe für das Verbrechen bekommt, das ihm vorgeworfen wird, und der Richter bekäme dieselbe Strafe.

Vergessen Sie nicht: Alle Beteiligten haben den Regeln des Gerichtsunternehmens zugestimmt. Versicherungen würden gar keine anderen Unternehmen akzeptieren, denn die Regelung ist ganz in ihrem Sinne. Nehmen wir also ein Beispiel: Einem Superreichen, der 100 Millionen besitzt, wird Mord vorgeworfen. Er bietet dem Richter zehn Millionen an.

Der Richter steht nun vor der Wahl, zehn Millionen zu kassieren und ehrlich zu bleiben oder das Geld einzustecken und die Höchststrafe für Mord zu kassieren. Dem Millionär könnte man zum Beispiel sein ganzes Vermögen abnehmen und ihn zur Höchststrafe verurteilen (möglicherweise hier sogar die Todesstrafe, weil er es ja selber in der Hand hat, diese zu vermeiden). Zudem vergibt er sich die Chance auf ein mildes Urteil oder auf eine Revision in der nächsten Instanz.

Was glauben Sie, wie viel Korruption es unter diesen Umständen noch gibt? Richter würden außerdem zustimmen, dass ihre Kommunikation überwacht wird. Das ist eben Teil des Jobs und durch seine Vergütung abgegolten. Er muss den Job ja nicht machen. Auf der anderen Seite würden private Firmen viel besser ihre Richter schützen als heute der Staat. Heute kann man zum Beispiel die Adressen von Richtern häufig im Telefonbuch nachschlagen. Gerade für Richter, die zum Beispiel im Bereich Organisierter Kriminalität arbeiten, würden in einer PRG ganz andere Vorkehrungen getroffen werden.

Möglicherweise würde man nicht einmal seinen richtigen Namen veröffentlichen. Der Richter würde in einer speziell gesicherten Gated Community wohnen und mit dem Panzerwagen transportiert werden. Das macht der Staat heute manchmal auch, denken wir etwa an die Mafia-Prozesse in Italien. Aber immer noch muss sich der Richter durch den öffentlichen Raum bewegen. In einer PRG könnte der Prozess gleich in der gesicherten Community stattfinden, oder er würde nur per Videokonferenz zugeschaltet. Das alles ist heute nicht möglich oder fast nie der Fall. In einer PRG wäre das Routine.

Auch hier müssen Sie unbedingt den Unterschied zum Staat bedenken: Der Staat will zwangsweise jeden überwachen, hier stimmt der Richter freiwillig zu. In einem Staat wäre es ein Unding, den Namen des Richters geheim zu halten, weil die Öffentlichkeit darauf natürlich ein „Recht“ hat. In einer PRG haben die Kunden jedoch die freie Wahl. Und Opfern des organisierten Verbrechens wäre es vermutlich lieber, sie kennen den Namen des Richters nicht, wenn sie sehen, dass diese Unternehmen organisierte Kriminalität besser bekämpfen. Wie wir noch sehen werden, verschwindet die organisierte Kriminalität in einer PRG allerdings praktisch von der Bildfläche.

Auch hier gilt: Vielleicht ist meine Idee zur Bekämpfung der Korruption nicht die Beste oder sogar aufgrund eines Denkfehlers komplett falsch. In einem freien Markt arbeiten aber tausende von Unternehmern an der besten Lösung. Da es im Interesse jedes rechtschaffenen Bürgers ist, diese Korruption zu vermeiden, wird sich die beste Regelung durchsetzen. So funktionieren echte Märkte nun einmal. Dazu auch meine anderen Bücher beachten.

Mit den sogenannten Truther-Themen sollten Sie sich schon deshalb beschäftigen, weil Sie dann erkennen, dass in einem Staat die Korruption ganz oben ansetzt. Die Machtelite will einen Staat, weil sie dann nur eine einzige Person bestechen, bedrohen, erpressen oder belohnen muss, um ihre Verbrechen zu vertuschen. Deshalb will die Machtelite auch am liebsten sehr große Einheiten, die Vereinigten Staaten von Europa oder am liebsten eine Weltregierung. Dann reicht es, weltweit nur eine einzige Regierung in der Hand zu haben.

Dazu zunächst einige Beispiele, für die Sie keinerlei Ahnung von investigativem Journalismus haben müssen:

Warum sitzt Angela Merkel nicht im Gefängnis, obwohl sie bei der Masseneinwanderung gegen Grundgesetzartikel 16a Absatz 2 [24] verstößt, nach dem niemand asylberechtigt ist, der über einen sicheren Drittstaat einreist? Das trifft auf fast 100% aller sogenannten „Flüchtlinge“ zu, die in Wirklichkeit illegale Einwanderer sind.

Warum segnet das Bundesverfassungsgericht die „Rettung“ anderer Länder ab, obwohl im Vertrag von Lissabon eindeutig eine No-Bail-Out-Klausel vereinbart war?

Warum ist der Vertrag von Lissabon überhaupt in Kraft, obwohl er gegen das Grundgesetz verstößt, weil das Volk darüber gar nicht abgestimmt hat? Nicht nur Karl-Albrecht

Schachtschneider hat in seiner Klage[25] gut begründet, warum dies verfassungswidrig ist. Aber selbst wenn man der Argumentation folgt, dass das Volk ja diese Politiker gewählt hat, muss man sich fragen, warum die Bürger nicht abstimmen durften.

Was heißt überhaupt gewählt? Selbst wenn das Bundesverfassungsgericht einmal im Sinne des Bürgers urteilt und 2012 feststellt, dass das Wahlrecht verfassungswidrig ist[26], hat dies keinerlei Konsequenzen. Alle damit illegal beschlossenen Gesetze bleiben in Kraft. Niemand kommt ins Gefängnis.

Schlimmer noch: Das Verfassungsgericht hat gefordert, die Anzahl der Überhangsmandate auf 15 zu begrenzen. Nach der Bundestagswahl 2017 gibt es nun einen Rekord von 111 Überhangsmandaten[27]! Und die regieren einfach weiter!

Die Gewaltenteilung ist nicht nur eine Illusion, weil alle in der Exekutive, Judikative und Legislative für den Staat arbeiten und von ihm bezahlt werden. Selbst wenn einmal eine dieser Staatsabteilungen richtig entscheidet, setzt die andere Abteilung die Entscheidung einfach nicht um. Der Monopolist kann eben machen, was er will. Also muss man auch nur ihn bestechen.

Jetzt die Themen, für die Sie auch meine anderen Bücher und die Recherchen alternativer Medien kennen müssen:

Warum verhaftet Donald Trump nicht diejenigen innerhalb der Regierung Bush, die die Anschläge vom 11. September durchgeführt oder zugelassen haben?

Warum ermittelt der Generalbundesanwalt nicht im Sachsensumpf, obwohl er von der Abteilung für organisiertes Verbrechen tausende von Akten bekommen hat (vgl. „Die Vereinigten Staaten von Europa“[28])?

Warum wird im NSU-Fall nicht der Verfassungsschützer Andreas Temme verhaftet, der nachweislich bei einem Mord zur Tatzeit direkt vor Ort war[29] und bei fünf weiteren[30] zumindest in der Nähe? Den angeblichen NSU-Mördern konnte in keinem einzigen Fall nachgewiesen werden, dass sie vor Ort waren. Keine Täterbeschreibung, die auf sie passt, keine DNA, nichts. Die Akten sollen für 120 Jahre unter Verschluss[31] gehalten werden!

Die Antwort ist klar: Weil an der Spitze entschieden wird und man nur diese Spitze in der Hand haben muss.

In einer Privatrechtsordnung müsste man tausende von Unternehmen bestechen. Dazu ein Beispiel:

Nehmen wir an, auf die Aufklärung eines Mordes sind zehn Millionen Euro ausgesetzt. Eine Detektivagentur findet heraus, es war ein Herr namens Anschelm Rockyfinger. Rockyfinger bietet der Agentur 100 Millionen Euro und Sherlock Bestechlich nimmt sie. Damit ist das Problem aber nicht aus der Welt. Erstens hat Sherlock einen Anreiz, diese Informationen weiter zu verkaufen und Extrageld zu machen. Zweitens würde auch Sherlock dieselbe Strafe für Mord drohen (siehe oben). Er hat zwar 100 Millionen Euro, aber trägt sein Leben lang das Risiko, erwischt zu werden, statt in Ruhe mit den zehn Millionen leben zu können. Drittens kann ja jede andere Agentur ebenfalls auf den Täter kommen. Dann wäre nicht nur der Mörder, sondern auch der Detektiv dran.

Rockyfinger müsste jede Detektei bestechen. Darüber hinaus reicht es schon, wenn die Verdachtsmomente öffentlich werden. Die kapitalkräftige Versicherung des Unternehmens, das die Belohnung auszahlt und dafür beispielsweise einen Teil als Lohn erhält, ist nun der Gegner von Rockyfinger. Neben der aufgebrachten Öffentlichkeit und allen anderen Agenturen, die ihn nun jagen. Heute muss er nur Angela Merkel in der Tasche haben. Und das hat er auch.

Spezialisierung

Es ist sehr wichtig, zu verstehen, dass echte Märkte zu Arbeitsteilung und Spezialisierung neigen, weil das effizienter und kostengünstiger ist. Die Justiz ist dabei ein sehr gutes Beispiel. Zwar gibt es sicherlich auch Spezialabteilungen und spezielle Kammern für Wirtschaftsverbrechen, aber die Spezialisierung geht lange noch nicht weit genug. Heute muss derselbe Richter, der über eine Vergewaltigung entscheidet, in der Regel auch Einbrüche und Diebstahl behandeln. Heute schreiben zum Beispiel die Polizisten ihre Einsatzberichte selber. Sie sind - wie auch Ärzte zum Beispiel - andauernd mit bürokratischen Dingen beschäftigt. Ein Polizist aber, der zum Beispiel gut darin ist, aufgrund seiner Autorität auf den Straßen für Ordnung zu sorgen, ist aber vielleicht keine Edelfeder, wenn es darum geht, gute Berichte zu schreiben.

In einer effizient, also kostengünstig organisierten Detektivagentur würden die rhetorisch begabten Mitarbeiter, beispielsweise Frauen, das zu Papier bringen, was ihnen der Kollege von der Straße erzählt. Auch hier: Es ist nicht auszuschließen, dass das in einer Polizeistation von heute von einem cleveren Polizeichef ähnlich organisiert wird. Und es ist auch nicht auszuschließen, dass eine private Detektei schlechter organisiert ist. In einem Marktprozess setzen sich im Laufe der Zeit aber diejenigen Unternehmen durch, die effizienter organisiert sind.

Das ist beim Staat nicht so, da er das Monopol hat. Man muss sich ja nur beliebige Staatsbetriebe anschauen. Es gibt positive Einzelbeispiele, aber in einem freien Markt ist das eben die Regel, weil ineffiziente Unternehmen aus dem Wettbewerb ausscheiden.

Kehren wir zum Beispiel von Vergewaltigungen zurück. Das ist ein fundamental anderes Verbrechen als Diebstahl. Mit den Opfern muss in einer ganz anderen Sensibilität umgegangen werden. Hören Sie sich einfach die Abertausende von Fällen an, wie mit Vergewaltigungsopfern in der Justiz umgegangen wird.

Ich kann Ihnen einen Fall schildern, der mir persönlich erzählt wurde, aber Sie finden solche Fälle überall, daher müssen Sie nicht mir glauben. Eine junge Frau wurde von drei Ausländern arabischen Aussehens auf dem Heimweg brutal vergewaltigt. Die Frau hat es erst niemandem erzählt und sich krank gemeldet. Irgendwann hat sie ihrer Mutter unter Tränen berichtet, was passiert ist, und die Mutter hat sie überzeugt, zur Polizei zu gehen.

Dort wurde sie verhört wie eine Verbrecherin. Nur ein Beispiel: Sie konnte nicht genau sagen, welche Sprache die Täter sprachen. Das sagte der verhörende Beamte: „Woher wollen Sie dann wissen, dass es Araber waren? Sind Sie etwa eine Rassistin?“ Ich erspare Ihnen weitere Einzelheiten.

Irgendwann fragte sie, ob sie mit einem Psychologen sprechen könne, weil es ihr so schlecht gehe. Die Antwort: „Haben wir nicht, aber wir können Sie in die Geschlossene einliefern.“ Ich schwöre, so wurde es mir berichtet, und zahlreiche andere Opfer werden Ihnen Ähnliches erzählen können. Ende vom Lied: Sie hat keine Anzeige erstattet, Ihren Job gekündigt (weil sie sich nicht mehr traut, in die Arbeit zu fahren) und ist in psychologischer Behandlung. Der Fall taucht in keiner Kriminalstatistik auf, dafür sie in der Statistik für Transferempfänger. Die Täter laufen noch frei rum und vergewaltigen vielleicht gerade in diesem Moment das nächste Opfer. Das ist Merkel-Deutschland.

Es gibt inzwischen genügend Mainstreamberichte, dass die Taten von Ausländern heruntergespielt werden und den Opfern abgeraten wird, Anzeige zu erstatten. Sie finden

Links zu aktuellen Fällen auf meiner Webseite. Aber schon vor der Masseneinwanderung wurden Vergewaltigungsopfer schlecht behandelt. Die Polizei ist notorisch unterbesetzt und als Monopolist ineffizient.

In einer PRG würden sich selbstverständlich spezialisierte Unternehmen um das Opfer kümmern. Auf jeden Fall würde erst einmal eine Frau mit dem Opfer sprechen. Psychologische Hilfe wäre sofort dabei und so weiter. Warum? Weil das so in ihrer Versicherungspolice steht und sie ansonsten keine abschließen würde!

Natürlich würden auch die Gerichte ganz anders mit Opfern umgehen: Keine demütigenden Aussagen in der Öffentlichkeit, keine Konfrontation mit dem Täter. Das ist heute manchmal auch so, aber nur nach Gnaden des Richters. Denken Sie nur an die FRAU, die den türkischen Vergewaltiger frei gesprochen hat! Undenkbar in einer Privatrechtsordnung. Heute ist eine öffentliche Verhandlung sozusagen Pflicht, was durchaus seinen Sinn macht, weil der Staat oft genug Verbrechen des tiefen Staates vertuscht. Aber in der Praxis werden eben dann doch Filmaufnahmen verboten oder die Journalisten sind handverlesen, wenn es um Verbrechen geht, die offensichtlich der Staat selbst begonnen hat. Denken Sie etwa an den NSU-Fall oder unzählige weitere. Dort wurden die Akten gerade für 120 Jahre gesperrt! Was glauben Sie wohl, warum?

Da sich dieses Buch bewusst nicht an Truther richtet und Sie vielleicht zu denjenigen gehören, die alles glauben, was in der Zeitung steht: Da kann ich Ihnen nicht helfen. Sie müssen selber darauf kommen, dass Sie von vorne bis hinten vom tiefen Staat, der die Massenmedien mit einschließt, belogen werden. Beachten Sie dazu meine anderen Arbeiten, Bücher, Artikel und Videos.

Zurück zur öffentlichen Verhandlung: Diese Regel ist in einem Staat, dem man grundsätzlich nicht trauen kann, durchaus sinnvoll. Aber es gibt auch Fälle, wo es besser ist, hinter verschlossenen Türen zu verhandeln, aber das entscheidet eben zunächst das Opfer und nicht der Täter. Der Täter kann sich mit seiner Story immer noch an die Öffentlichkeit wenden, wenn er ungerecht behandelt wurde. Da das für private Gerichtsunternehmen das Aus bedeuten könnte, müssen Sie darauf achten, auch hinter geschlossenen Türen fair zu urteilen. Der Staat ist immer da, egal was er macht.

Auf der anderen Seite gibt es aber auch Falschanschuldigungen von Frauen. Aber auch hierfür wären diese wirklich neutralen Gerichtsunternehmen eben Spezialisten. Weil sie schon hundert andere Fälle gesehen haben. Es wäre zum Beispiel undenkbar in einer PRG, dass ein Jörg Kachelmann[32] in Untersuchungshaft gekommen wäre, obwohl längst klar war, dass sich das angebliche Opfer den Kachelmann belastenden Brief selbst geschickt hat. Denn das Gerichtsunternehmen - also dessen Versicherung - haftet auch dafür, wenn jemandem zu Unrecht die Freiheit entzogen wird.

Natürlich, Fehleinschätzungen lassen sich nie ganz vermeiden. Aber ich hoffe, Sie erkennen, wie in einem Markt die Zahl der Fehler minimiert würde. Der Markt ist das effizienteste System zur Entdeckung von Fehlern und zum Finden von Lösungen. Er ist nicht perfekt, aber um Lichtjahre besser als ein Monopolist. Wer das abstreitet, dessen Gehirn ist falsch verdrahtet worden und zwar vom staatlichen Bildungssystem. Sie ahnen, warum.

Die Spezialisierung würde auch zu einer sinnvollen Resozialisierung führen. Wer einmal eine kleinere Straftat begangen hat, den wird man nicht gleich aus der Gesellschaft ausstoßen, aber er hat es zweifellos schwerer. Dies schafft ja gerade den Anreiz, ehrlich zu bleiben. Aber wie ich oben schon erläutert habe, gibt es ein ökonomisches Interesse daran, dass sich jeder Mensch produktiv betätigt. Genau darauf könnten sich bestimmte Unternehmen spezialisieren. Sie könnten gezielt Ersttäter anwerben, die dafür natürlich einen geringeren Lohn akzeptieren müssten. Es gäbe keinen Staat, der diese Praxis als „diskriminierend“ verbieten würde.

Der Ersttäter hat so die Möglichkeit, sich wieder eine reine Weste zu verschaffen. Wenn er sich beispielsweise fünf Jahre lang bewährt, bekommt er ein entsprechendes Zeugnis und kann sich bei ganz normalen Firmen bewerben. Dieses würde natürlich seine Geschichte kennen. Das „Resozialisierungs-Unternehmen“ lebt also davon, dass es möglichst gute Arbeit dabei leistet, jemanden wieder auf die rechte Bahn zu führen. Es müsste in besonderer Weise deutlich machen, dass dies bei seinen Kandidaten gelungen ist. Unabhängige Testunternehmen könnten beispielsweise Statistiken darüber erstellen, wie sich Menschen die von diesen Unternehmen kommen, später bewähren. Bezahlt würden solche Testunternehmen zum Beispiel von Versicherungen, die ihre Tarife nach den Ergebnissen ausrichten.

Es ist nicht unwahrscheinlich, dass sich Ersttäter besonders reinhängen, weil sie nie mehr in so eine Situation kommen wollen. Dann wäre ihr Lohn sogar höher. Oder es gibt trotzdem noch eine gewisse Ausfallrate und Ersttäter müssten einen leicht geringeren Lohn akzeptieren. Das Entscheidende: Der Staat verschleiert ständig, wie die wahren Verhältnisse sind. Beispielsweise erhebt er weder Migrationshintergrund, noch Religionszugehörigkeit (dazu gleich mehr) bei Straftätern. In einer PRG lägen diese Daten aber vor und die Unternehmen könnten sich daran orientieren. Es gäbe keine Gesetze, die es verbieten, bestimmten Leuten niedrigere Löhne zu zahlen. Es gäbe also *echte* Marktpreise. Das führt zu mehr Effizienz. Dazu ein Beispiel:

Der Mutterschutz und die damit verbundenen Kosten führen dazu, dass Frauen seltener eingestellt werden. Das Vergeben von „Sozialpunkten“ bei Entlassungen führt dazu, dass Menschen, die eine Familie gründen, tendenziell weniger nachgefragt werden als alleinstehende junge Singles, weil man diese eher los wird. Der Mindestlohn sorgt dafür, dass Menschen deren Produktivität unterhalb des Mindestlohns liegt, gar keine Jobs finden (vgl. dazu auch „Das Kapitalismus Komplott“: Jeder kann in einer echten Marktwirtschaft von seiner Hände Arbeit sehr gut leben, selbst wenn er gar keine Qualifikation hat) und so weiter.

Indem der Staat aus dem Spiel ist, kann es eben auch Menschen, die einmal einen Fehler gemacht haben, gelingen, sich wieder zu integrieren. Einfach, indem sie ihren Preis ihrem Ruf anpassen. Ähnliches gilt dann auch für Kredite. Es wird Agenturen geben, die Menschen mit schlechterem Track Record zu höheren Zinsen doch noch Geld leihen (was heute als „Wucherzinsen“ verboten ist). Zahlt der Schuldner dann das Geld zurück, verbessert sich sein Ranking wieder. Heute muss er sich an dubiose Kredithaie wenden, die eine möglicherweise erfolgreiche Begleichung der Schulden gar nicht an das System (heute Schufa) melden können, weil ihre Tätigkeit illegal ist. Der Kunde bleibt also für immer in den Fängen des Kredithais.

Ein Merkmal der Spezialisierung ist auch, dass in der Regel genau jene Menschen erfolgreich Unternehmen aufbauen, die am meisten Ahnung davon haben. Der Grund können Erfahrung, Leidenschaft oder spezielle Fähigkeiten sein. Beispielsweise wird am ehesten ein ehemaliger Ersttäter ein erfolgreiches Resozialisierungsunternehmen aufbauen, weil er die Erfahrung und auch die Leidenschaft hat, anderen zu helfen, auch aus der Misere zu kommen. Das erfolgreichste Gerichtsunternehmen für Vergewaltigungen wird vielleicht von einem ehemaligen Opfer geleitet und so weiter. Natürlich hat vielleicht auch in einem Staat jemand ein persönliches Interesse an dem, was er tut, aber es gibt kein Auswahlverfahren dafür.

Sollte sich beispielsweise eine Polizeistation besonders gut um Vergewaltigungsopfer kümmern, weil vielleicht die Frau des Polizeichefs solche Erfahrungen gemacht hat, dann bleibt das ein regional begrenztes Phänomen. In einer PRG könnte er ein Unternehmen gründen, das sich weltweit um solche Fälle kümmert. So funktionieren Märkte einfach. Erfolgreiche Konzepte breiten sich rasend schnell weltweit aus, weil es ein ökonomisches Interesse daran gibt. Der Staat hat kein ökonomisches Interesse, denn er kann aus den Bürgern herauspressen, was er will, und genau das tut er auch.

Die Spezialisierung führt außerdem dazu, dass eine Spezies Jobs bekommen würde, die das heute meistens kostenlos macht.

Jobwunder für Truther

Was ist ein sogenannter Truther? Ein Truther ist jemand, der offiziellen Darstellungen misstraut. Er sammelt Indizien und Beweise, die ihnen widersprechen. Er stellt Theorien darüber auf, wie es wirklich gewesen sein könnte. Erinnert Sie das an etwas? Das ist klassische Detektiv-Arbeit. Heute kümmern sich Detekteien hauptsächlich um betrogene Ehemänner und -frauen, weil der Staat ja das Monopol auf echte Verbrechen hat. In einer PRG wären sie aber diejenigen, die andauernd damit beschäftigt wären, Theorien zu überprüfen.

Nehmen wir ein besonders hartes Beispiel: Den Truther, der den ganzen Tag hinter dem Computer sitzt, sich gar nicht vor die Tür traut und kaum Kontakt zu anderen Menschen hat. Auch der hätte einen Platz in einer PRG, beispielsweise an der Stelle, wo die Detektei prüft, ob es sich überhaupt lohnt, sich eines Falles anzunehmen. Dies wird zuerst einmal anhand der Aktenlage aussortiert.

Dieser Job kann von überall auf der Welt erledigt werden. Der Vorermittler kann dabei am Pool sitzen, eine Schönheit im Arm, die auf berühmte Detektive steht, oder auf einer Skihütte bei Lagerfeuer und Rotwein. Er kann aufstehen und ins Bett gehen, wann er will. Warum? Es gibt keine staatlichen Regelungen dazu. Das einzige, was in einer PRG zählt, ist der Erfolg. Und wenn jemand besonders geschickt Fakten kombiniert, dann ist es dem Unternehmen egal, wie und wann er das macht, Hauptsache, er hält die Termine ein.

Das Schöne ist, dass sogar die paranoidere Spezies unter den Truthern ihren Platz hätte. Manche Truther neigen zu einer übertriebenen Mustererkennnung. Sie wittern hinter allem eine Verschwörung und nichts ist Zufall. Der Vorteil an diesen Leuten ist aber, dass ihnen Dinge auffallen, die andere übersehen. Bei manchen könnte man den Eindruck gewinnen, sie wären Autisten, die zu viel auf einmal wahrnehmen.

In einer PRG wären das aber nützliche Eigenschaften, die bezahlt werden würden. Heute machen Truther Videos auf YouTube, die inzwischen entweder demonetarisiert oder gelöscht werden, weil sie das System gefährden. Geld verdient ohnehin kaum einer. Und der Monopolist handelt auf die Informationen hin ohnehin nicht. Es gibt zahlreiche Truther, die sich mit ihren Erkenntnissen an Behörden gewendet haben, aber dabei ist natürlich noch nie etwas rausgekommen, weil notwendigerweise immer der Staat in diese Verbrechen verwickelt ist, denn er ist es schließlich, der die offizielle Version herausgibt. Das Frustrierende ist dann, dass der Truther seine Theorie nie beweisen kann.

In einer PRG wäre das gänzlich anders. Es wäre ja eine Belohnung auf die Aufklärung des Verbrechens ausgesetzt. Die private Detektei ist also daran interessiert, den Fall aus möglichst vielen Blickwinkeln zu betrachten. Nehmen wir an, der Truther ist in den Akten auf drei eklatante Widersprüche gestoßen, die dagegen sprechen, dass es sich um einen natürlichen Todesfall handelt.

Der Truther meldet diese Widersprüche und liefert auch eine Theorie. Das Detektivunternehmen kalkuliert also, dass es sich lohnen könnte, Ressourcen für die Aufklärung des Falles zur Verfügung zu stellen. Was würde der leitende Detektiv tun? Er würde die Widersprüche in eine Rangreihenfolge bringen und beim größten Widerspruch anfangen, zu ermitteln. Er würde also in der realen Welt Zeugen befragen, Beweise sichern und so weiter.

Wenn es ihm gelingt, den ersten Widerspruch zu bestätigen, also beispielsweise ein falsches Alibi zu entlarven, macht er weiter. Ob ein Unternehmen einen Truther beauftragt oder nicht, hängt nicht davon ab, ob er den Fall von Anfang an komplett auflösen kann, sondern nur davon, ob er genügend Widersprüche entdeckt, damit es sich lohnt, zu ermitteln.

In der heutigen Welt bleibt der Truther beim Theoretisieren, er ist auch nicht unbedingt derjenige, der geeignet ist, wirklich auf die Straße zu gehen und Zeugen zu befragen oder andere Polizeiarbeit zu verrichten. Und selbst wenn er es täte, er käme ja nie gegen den Monopolisten an. Interessanterweise hätten auch linke oder generell staatsverliebte Truther einen Platz in der PRG. Natürlich werden sie tendenziell nicht so gut im Analysieren sein, sonst wären sie ja nicht links oder in den Staat verliebt.

Grundsätzlich spielen politische Einstellungen aber in einer PRG keine Rolle. Es gäbe ja keine Politik. Wenn jemand mit seinem Sicherheitsdienstleister unzufrieden ist, wechselt er ihn eben. Er muss sich aber nicht mit anderen über die beste Form der Regierung streiten. Er kann höchstens Blogs verfassen, die keinen interessieren, weil ja alle anderen wissen, dass sie nur ihren Dienstleister wechseln müssen. Wenn dieses Individuum aber trotzdem gut dabei ist, Fakten zu kombinieren, wird auch er eine Arbeit finden.

Ich habe das auch ein wenig ausführlicher geschildert, weil Sie so erkennen können, dass auch eine andere Spezies enorm von einer PRG profitieren würde: Der ehrliche Polizist.

Ein Paradies für ehrliche Polizisten

Die Nachfrage nach ehrlichen Polizisten wäre in einer PRG natürlich enorm hoch, sie hätten nur eine andere Berufsbezeichnung. Wie ist die Situation heute? Der Polizist von heute ist überarbeitet, schlecht bezahlt und Erfolg wird nicht honoriert. Im Gegenteil: Er muss zusehen, wie Kriminelle, die er verhaftet, am nächsten Tag wieder frei rumlaufen. Deckt er einmal eine ganz große Verschwörung in Justiz und Politik auf, wird er zurückgepfiffen.

Er hatte vielleicht den Traum, wirklich Verbrecher zu jagen. Stattdessen wird er bei Demonstrationen eingesetzt, um die Herrschenden vor dem Volk oder das Volk vor dem pöbelnden Mob der Antifa zu beschützen. Er muss sich bespucken und auslachen lassen und wenn er einmal hart durchgreift, wie beim G20-Gipfel, dann wird gegen ihn ermittelt[33] und nicht gegen die Antifa-Schergen!

In einer PRG gäbe es für Antifanten natürlich keinen Platz. Erstens gäbe es keine öffentlichen Plätze, die sie betreten könnten, weil alle Plätze Privateigentum wären. Zweitens: Wenn es ihnen doch gelingen würde, irgendwo Rabatz zu machen, würde man sie spätestens nach der dritten Straftat mit dem Fallschirm über der Wüste Gobi oder Sibirien abwerfen. Da Antifanten vermutlich nicht zur produktiven Arbeit taugen, würde die Versicherung wohl auf Rückzahlung der Kosten verzichten, Hauptsache man wäre die asozialen Elemente los (siehe oben).

Ehemalige Polizisten können sich also darum kümmern, warum sie eigentlich Polizist geworden sind: echte Verbrecher zu fangen. Sie müssten sich nicht damit rumschlagen, ehrliche Bürger zu drangsalieren, die niemandem etwas zu Leide getan haben - Stichwort opferlose Verbrechen. Sie müssten sich nicht daran beteiligen, das Lösegeld einzutreiben, dass der Staat auf jeden Bürger ausgesetzt hat: Steuern sind das Lösegeld des Staates dafür, dass er Sie nicht einsperrt.

Selbst wenn jemand nicht aus Leidenschaft Polizist geworden ist, sondern nur wegen des Geldes: Er wird in einer PRG mehr verdienen, aber er wird auch nach Leistung bezahlt.

Machen Sie die Probe aufs Exempel: Schenken Sie dieses Buch einem Polizisten, den Sie persönlich kennen. Bei dem Titel werden Sie einige Überzeugungsarbeit leisten müssen, damit er es liest. Versprechen Sie ihm eine Belohnung. Sie wissen schon, es geht immer um Anreize.

Die Chancen sind nicht allzu schlecht, dass er an irgendeiner Stelle leuchtende Augen bekommt und umgehend zum Anarchisten wird. Er wird aus eigener Erfahrung wissen, dass die Situation für Polizisten genauso ist, wie ich sie beschreibe. Und wenn er dann versteht, dass er in einer PRG automatisch dafür da ist, die Bürger zu schützen, weil sie seine Kunden sind, begreift er auch, dass das der viel schönere Job ist.

Der erste Polizist, der mir schreibt, dass er durch dieses Buch zum Anarchisten geworden ist, bekommt ein Freiexemplar, das er dann unauffällig einem Kollegen schenken kann. Es muss allerdings jemand sein, der mich noch nicht kennt, denn ich habe schon etliche Polizisten unter meinen Lesern, die mir wertvolle Hinweise geben, die ich für meine Arbeit verwende. Selbstverständlich immer unter der Zusicherung völliger Vertraulichkeit.

Natürlich kennen wir auch alle jene Staatsdiener, denen man richtig ansieht, wie es ihnen Spaß macht, die Kontrolle über andere zu haben: Die Psychopathen und Sadisten, denen dabei einer abgeht, dass sie Macht über andere ausüben können. Diese streben natürlicherweise nach solchen Positionen und sind besonders häufig in der Richterschaft anzutreffen. Recherchieren Sie dazu die unglaubliche Anzahl an „Skandalurteilen“, „Justizirrtümern“, „Zwangspsychiatrisierungen“ und so weiter.

Für solche Leute ist in einer PRG natürlich kein Platz. Wie ich gezeigt habe, werden sich diejenigen Richterunternehmen durchsetzen, die faire Urteile sprechen. Sie unterliegen einer konstanten Kontrolle durch die Versicherungen. Wenn sich ein Richter oder auch ein Mitarbeiter einer Sicherheitsfirma besonders sadistisch aufführt, ist er schneller entlassen, als er den Knüppel rausholen kann. Ein im Wettbewerb stehendes Unternehmen kann sich solche Leute schlicht und ergreifend nicht leisten.

Beim Staat hingegen ist die Nachfrage nach Psychopathen besonders hoch. Sie müssen ja andauernd völlig sinnlose Gesetze durchsetzen, wie die Verfolgung von Menschen, die niemandem etwas getan haben, weil es gar kein Opfer gibt. Sie verurteilen „Meinungsverbrecher“ obwohl jeder in der Schule, besonders aber in der Rechtslehre lernt, dass so etwas das beste Kennzeichen für eine Diktatur ist. So etwas kann man nur als Hardcore-Opportunist oder als Psychopath tun. Beides nicht gut.

Dazu noch ein kleiner Ausflug in den Libertarismus: Wie Sie sehen, ist in der Privatrechtsordnung alles erlaubt, was niemandem schadet, weil es dann gar keinen Kläger gibt. Das ist die goldene Regel und die Grundlage nahezu sämtlicher ethischer Theorien, Religionen und spiritueller Überzeugungen.

Da praktisch jedes Gesetz, außer gegen Betrug, Diebstahl und Körperverletzung, gegen diese Regel verstößt, bedeutet dies, dass Richter andauernd Leute einsperren, die eigentlich moralisch einwandfrei handeln. Das bedeutet, dass fast jeder

Richter heute unmoralisch handelt. Dann muss man sich nicht wundern, wenn der ehemalige Richter Frank Fahsel in einem Leserbrief an die Süddeutsche Zeitung vom 9. April 2008 zu diesem Schluss kommt:

„Ich war von 1973 bis 2004 Richter am Landgericht Stuttgart und habe in dieser Zeit ebenso unglaubliche wie unzählige, vom System organisierte Rechtsbrüche und Rechtsbeugungen erlebt, gegen die nicht anzukommen war/ist, weil sie systemkonform sind. Ich habe unzählige Richterinnen und Richter, Staatsanwältinnen und Staatsanwälte erleben müssen, die man schlicht „kriminell" nennen kann. Sie waren/sind aber sakrosankt, weil sie per Ordre de Mufti gehandelt haben oder vom System gedeckt wurden, um der Reputation willen..... In der Justiz gegen solche Kollegen vorzugehen, ist nicht möglich, denn das System schützt sich vor einem Outing selbst – durch konsequente Manipulation. Wenn ich an meinen Beruf zurückdenke (ich bin im Ruhestand), dann überkommt mich ein tiefer Ekel vor meinesgleichen."

Da der Staat grundsätzlich vom Raub lebt, gibt es auf allen Ebenen eine Negativauslese bei der Personalauswahl, in einer Privatrechtsordnung ist es genau umgekehrt. Oft wird zu diesem Thema das Sprichwort zitiert, dass eine Krähe der anderen kein Auge aushackt. Das ist ein schöner Spruch, aber der eigentliche Grund ist hier, dass alle Richter für den Monopolisten arbeiten.

In einer Privatrechtsordnung sind die Mitbewerber aber sehr wohl daran interessiert, Missstände beim Konkurrenten aufzudecken. Das machen Unternehmen ja jeden Tag, in jeder Branche, schon indem sie ihr Produkt als das Bessere darstellen. Wie ich schon gezeigt habe, hat das Gerichtsunternehmen selbst ein Interesse daran, schlechte Richter zu entlassen oder Korruption zu verhindern

Wenn das nicht intern geklärt werden kann, muss es sich

dazu an ein anderes Gerichtsunternehmen wenden, also notwendigerweise an einen Konkurrenten. Der hat überhaupt kein Interesse daran, den Richter des Konkurrenten zu schützen. Das wiederum ist zum Vorteil aller Kunden. Aber der Staat hat eben keine Kunden, auch wenn er sie inzwischen so bezeichnet, er hat nur Untertanen. Deshalb kommt er mit solchem „Geschäftsgebaren“ durch.

Der Schutz von Kindern

Eine besonders wichtige, aber auch knifflige Frage ist der Schutz von Kindern in einer PRG. Dieses Thema wird meiner Meinung nach viel zu stiefmütterlich in der libertären Literatur behandelt, deshalb werde ich ausführlich darauf eingehen.

Zunächst einmal ist die Problematik völlig klar: Kinder sind zu jung, um selbst ihre Rechte einzuklagen. Wer soll sie also schützen? Dabei sollten wir zunächst betrachten, ob Kinder denn in einem Staat gut geschützt sind.

Zunächst muss man festhalten, dass der Missbrauch, die Vergewaltigung und sogar das Töten von Kindern von ganz oben geschützt wird. Dies lässt sich schon anhand offiziell bekannter Skandale eindeutig nachweisen.

Im Falle des sogenannten Sachsensumpfes geht es um das Kinderbordell „Jasmin“[34]. Alleine an der offiziellen Darstellung bei Wikipedia[35], das sich immer nur aus Mainstreamquellen speist, können Sie erkennen, dass dieser Kinderschänderring von ganz oben geschützt wird. Die Opfer werden daran gehindert, die Namen ihrer Freier zu nennen. Journalisten werden durch Verleumdungsklagen mundtot gemacht. Verwickelt sind Staatsanwälte, Richter und Polizei. Der ermittelnden Behörde, dem Referat für Organisierte Kriminalität des sächsischen Landesamts für Verfassungsschutz, wurden vom sächsischen Verfassungsgericht die Hände gebunden.

Daraufhin machte das Referat das einzig Richtige und gab die über 15000 Aktenseiten an den Generalbundesanwalt weiter. Dieser weigerte sich, zu ermitteln. Der Generalbundesanwalt ist weisungsgebunden an das Justizministerium und letztlich an die Kanzlerin. Besonders pikant: Thomas de Maizière, der schon in Sachsen für den Fall zuständig war und selbst nach ARD-Recherchen[36] eher vertuscht als aufgeklärt hat, ist heute als Innenminister für die Geheimdienste zuständig, also auch für die Verfassungsschutzämter. Justizminister war wiederum Heiko Maas von der SPD. Obwohl der Skandal in Sachsen eigentlich die CDU betrifft, wird sie also von der eigentlich konkurrierenden Partei SPD geschützt und auch die anderen im Bundestag vertretenen Parteien greifen nicht ein.

Im Falle Marc Dutroux[37] verstarben zahlreiche Zeugen, die Todesfälle wurden nie aufgeklärt. Hier gehen die Spuren also ganz offensichtlich ganz nach oben, denn Brüssel ist der Sitz des EU-Parlaments.

Beim sogenannten „Franklin-Cover-Up“[38], bei dem es um einen Kindersexring ging, führten die Spuren direkt ins Weiße Haus und bis heute ist nichts geschehen. Ein Geschworenengericht kam zu dem Urteil, dass die Vorwürfe unhaltbar seien. Aber der republikanische Senator John deCamp blieb immer bei seiner Darstellung. Sie können seine Beweise selber prüfen[39] und natürlich hat er kein Motiv, zu lügen. Er kündigte an, ein weiteres Buch nachzulegen, verstarb aber im Juli 2017. Auch hier reicht es, den Gewaltmonopolisten in der Hand zu haben.

In England wurde inzwischen bestätigt[40], dass es in den Achtziger Jahren einen Kindersexring gab, in dem hochrangige Politiker, Polizei, Richter, Staatsanwälte, Journalisten und 261 Prominente verwickelt waren. Die meisten Verdächtigten sind heute tot. Sie wurden also über 30 Jahre lang geschützt. Es ist völlig klar, dass diese Strukturen heute noch intakt sind, weil die Namen der Täter geheim bleiben. Es grenzt an ein Wunder, dass überhaupt etwas rausgekommen ist.

Jahrzehntelang wurde auch der Missbrauch von 1.400

(!) Kindern im englischen Rotherham durch Vergewaltiger pakistanischer Herkunft vertuscht. Die deutsche Zeit[41] schaffte es sogar, noch nach Auffliegen des Skandals die Herkunft der Täter zu verschweigen, obwohl das in jeder englischen Zeitung[42] stand.

Der frühere FBI-Chef von Los Angeles (Hollywood!), Ted Gunderson[43], berichtete von Vergewaltigungen und Tötungen von Kindern durch Satanisten in der hohen Politik, Justiz und Medien. Nichts davon wurde von den Behörden aufgeklärt. Die Massenmedien ignorieren weltweit seine Recherchen.

Aber es geht noch tiefer. Nach den Aussagen der Psychologin und Gutachterin Dr. Andrea Christidis[44] in dem unbedingt sehenswerten Film "Maikäfer flieg"[45] entziehen die Jugendämter - häufig aufgrund fragwürdiger Gutachten - hunderttausende von Kindern ihren Eltern und liefern sie dann nicht selten der Kinderpornomafia aus. Unnötig zu erwähnen, dass sie auch unter fortwährenden Angriffen durch die Justiz leidet und vom Mainstream völlig ignoriert wird. Für das Thema Jugendamt können Sie selber recherchieren. Eine Unzahl von Eltern schildern im Netz ihre Ohnmacht gegenüber dieser Behörde.

Im November 2016 flog in Norwegen ein Kinderschänderring auf. Die Welt[46] schreibt darüber:

Viele der Verdächtigen seien hoch gebildet, darunter Anwälte und Politiker.

Ist es ein Zufall, dass bei all diesen Verbrechen Politik und Justiz verwickelt sind? Das hat nicht nur damit zu tun, dass man eben den Monopolisten in der Hand haben muss, um so etwas zu tun, sondern auch mit dem Typus Mensch, den unser Rechtssystem anzieht. Vergewaltigung heißt „die

Unschuld nehmen". In einem Staat nehmen die Richter andauernd Menschen die Unschuld, die eigentlich niemanden etwas getan, aber gegen irgendein willkürliches Gesetz verstoßen haben. Daher haben Richter ohnehin schon das „Mind Set", also die Einstellung, sie dürften Menschen die Unschuld rauben. Sie sind also von vornherein geistige Vergewaltiger. Natürlich ist das den meisten nicht bewusst und es gibt sicherlich eine Reihe guter Richter. Aber es ist von vornherein klar, dass ein solches System überproportional viele Psychopathen anzieht.

Dasselbe gilt natürlich für Politiker. Sie denken per Definition, sie hätten das Recht, über andere Menschen zu herrschen. Niemand hat das Recht, über andere Menschen zu herrschen. Aber jeder hat das Recht, seine Leistungen am Markt anzubieten und zu schauen, ob sie jemand freiwillig in Anspruch nehmen will. In einer PRG werden Psychopathen erstens besser ausgesiebt und zweitens rauben neutrale Richter ja niemandem die Unschuld, weil es immer nur um Leute geht, die tatsächlich jemandem geschadet haben.

Es ist auch wahrscheinlich, dass Frauen in einem privatem Rechtssystem eine wesentlich wichtigere Rolle spielen würden, etwa als Mediatoren. Denn grundsätzlich liegt Frauen weniger an Machtausübung als an Vermittlung. Es könnte sich für Versicherungen als günstiger erweisen, wenn sie zwei Kontrahenten zunächst zu einem Mediator schicken. Da die meisten Streithähne Männer sind, dürfte es von Vorteil sein, wenn eine Frau versucht, zu schlichten. Die erfolgreichsten Mediatoren setzen sich durch und ich würde darauf wetten, dass es vor allem Frauen sein werden.

Ich könnte hier endlos weitermachen, aber Sie erkennen das Muster. Alleine bei den bekanntgeworden Fällen handelt es sich um tausende von Kindern. Das Mindeste, was man sagen kann, ist, dass der Staat diese Kinder offensichtlich nicht schützen konnte. Aber in Wirklichkeit ist natürlich klar, dass die Täter selbst in Politik, Justiz und Massenmedien sitzen.

Doch wie sähe nun der Schutz von Kindern in einer PRG aus? Dabei muss man sich wieder das Prinzip des neutralen Richters klar machen. Wenn die Täter versichert sind, ist der Fall natürlich einfach, sie haben selbst zugestimmt, ihre Kinder nicht zu missbrauchen. Aber wir konstruieren gleich den schwierigsten Fall von unversicherten Tätern, die sogar ihre eigenen Kinder missbrauchen, um deutlich zu machen, wie es funktioniert.

Zunächst ist festzuhalten, dass Missbrauch in der Familie immer schwer aufzudecken ist, ob mit oder ohne Staat. Irgendeiner außenstehenden Person muss etwas auffallen oder das Kind wendet sich an einen Außenstehenden. Dieser Außenstehende ist natürlich auch bei Nothilfe versichert (oder übergibt das Kind an einen Versicherten, falls er selber nicht versichert ist und nicht selbst für die Kosten aufkommen kann oder will). Dazu zunächst ein Beispiel aus der Welt der Erwachsenen.

Nehmen wir an, Sie greifen bei einer Vergewaltigung ein und schlagen den Vergewaltiger gewaltsam in die Flucht. Dann passiert erst einmal gar nichts. Der Vergewaltiger müsste sich bei irgendeiner Sicherheitsfirma melden und Sie anklagen. Das wird er in der Regel nicht tun, weil er sich dann ja praktisch selbst stellt. Wenn sich dann aber das Opfer an seine Versicherung wendet und der Täter dingfest gemacht wird, hat dieser schon einmal ganz schlechte Karten, denn er müsste ja erklären, warum er keine „Anzeige" erstattet hat. Der Fall wird untersucht, der Täter abgeurteilt und er muss für die Kosten aufkommen. Natürlich wäre in einer PRG immer klar, dass man alle Mittel einsetzen darf, um einen Angreifer abzuwehren.

Übertragen auf einen Fall von Kindesmissbrauch: Jeder Mensch hätte das Recht, ein Kind - zum Beispiel vor einem alleinerziehenden Vater, der es missbraucht - zu schützen. Wenn also beispielsweise dem Lehrer, der Nachbarin, der Verkäuferin oder der Mutter einer Freundin etwas auffällt, könnte sie oder er das Kind befragen und sofort bei sich behalten.

Dann müsste der Vater auf Herausgabe des Kindes klagen. Damit begibt er sich aber in das Rechtssystem. Wenn er nicht versichert ist, könnte er sich ein Gerichtsunternehmen aus dem Portfolio des Versicherers des Helfers heraussuchen. Er muss dann aber natürlich dessen Regeln akzeptieren, also dass er keine Kinder missbraucht, und er müsste versichern, dass er das bei seinem Kind auch nicht getan hätte.

Steht nun zu befürchten, dass in einer PRG andauernd Privatleute irgendwelchen Eltern ihre Kinder entziehen? Nein, denn die Versicherung haftet ja für die Handlungen ihrer Kunden. Sie wird also vertraglich regeln, wie der Kunde in so einem Fall vorzugehen hat. Dieser müsste sich also an die Versicherung wenden und die übergibt den Fall an Profis. Also entweder an eine spezielle Abteilung in der Versicherung oder eine respektierte und von der Versicherung geprüfte Kinderschutzorganisation.

Im Jahr 2016 wurden 14.000 Fälle von Kindesmissbrauch polizeilich erfasst[47]. Dieser Tatbestand macht also nur 0,2 Prozent der 6,4 Millionen erfassten Straftaten aus. Die wahren Zahlen werden höher liegen, aber Sie erkennen schon die Dimension. Das geht in den Gesamtkosten unter, also werden Versicherungen solche Fälle sicherlich einfach übernehmen.

Ein Versicherungsunternehmen, das ausgerechnet Kinder nicht schützt, dürfte sich nicht am Markt halten. Außerdem dürfte der Versicherung die Dankbarkeit des Kindes gewiss sein und es würde sich wohl später auch bei dieser Versicherung versichern oder sogar bei ihr arbeiten, etwa in der Abteilung für Kindesmissbrauch. Ich meine in dem Fall nicht die Kosten der Verteidigung des Helfers, diese muss sowieso die Versicherung tragen.

Aber die Frage ist, wie es mit dem Kind nun weitergeht, falls ein Gericht entscheidet, dass das Kind tatsächlich missbraucht wurde und auf keinen Fall mehr zu dem Vater zurück kann. Wer übernimmt zum Beispiel die Kosten der Unterbringung, falls es keine Adoptionseltern (etwa die Nachbarn, die dem Kind geholfen haben) findet und in ein Heim muss?

Zunächst: Etwa 65.000 junge Menschen[48] lebten vor der „Flüchtlingskrise" in Heimen, einer betreuten Wohnung oder Wohngemeinschaft. Das jährliche Spendenaufkommen in Deutschland beträgt etwa fünf Milliarden Euro[49]. Das wären 76.000 Euro pro Kind. Heute fließt das Geld aber hauptsächlich ins Ausland für Entwicklungshilfeprojekte. Gäbe es keinen Staat, würden die Menschen sicherlich erst einmal für einheimische Kinder spenden. Außerdem hätte jeder etwa das Dreifache netto übrig. Man kann also erwarten, dass sich die Zahl der Spenden locker verdreifachen würde, oder sogar noch mehr, weil ja jeder weiß, dass es keinen Staat gibt.

Aber höchstwahrscheinlich wären die Kinder gar nicht auf Spenden angewiesen, denn: Wenn ein Missbrauch festgestellt wird, müsste natürlich der Täter weiterhin für das Kind aufkommen, auch wenn es ihm entzogen wird. Dazu sind alle Sanktionsmöglichkeiten denkbar, die ich oben schon diskutiert habe. Übrig blieben die Kinder, wo sich der Täter einer Verantwortung entzieht, was ihm in einer PRG aber viel schwerer fallen sollte.

Auch dieser Fall könnte in jeder Versicherung abgedeckt werden, etwa mit einer Klausel, die besagt, dass bei einem vom Kunden aufgedeckten Fall von Kindesmissbrauch die Versicherung für das Wohl des Kindes sorgt. Die Versicherungen würden diese Option einfach mit anbieten. Wie wir gesehen haben, wären das wenige Cents im Monat. Vermutlich wäre das sogar Teil jedes Standardvertrages, weil Versicherungen damit werben würden, dass dieser Fall automatisch mit abgedeckt ist. Da wirklich jedem, außer Psychopathen und Pädophilen, das Wohl von Kindern am Herzen liegt, wäre es Harakiri, so etwas nicht mit anzubieten.

Sollte der Markt so etwas nicht anbieten, gründen Sie einfach selbst eine Versicherung, die das tut. Der Erfolg ist Ihnen sicher. Sie könnten die zusätzlichen wenigen Cent unter Werbekosten verbuchen, weil sich so etwas ganz von selber herumsprechen und von Medien lobend erwähnt würde.

Aber kreiert das nicht ein Moral Hazard-Problem dergestalt, dass Eltern überall Missbrauch melden und sogar gezielt auf die Suche nach Missbrauch gehen würden? Nein, denn das lässt sich ganz einfach umgehen. Die Klausel könnte besagen, dass nur ein oder zwei Fälle abgedeckt sind. Werden es mehr, müsste der Kunde einen Vertrag für professionelle Agenturen abschließen, die sich beruflich um solche Fälle kümmern. Das beschränkt die Wahl der Fälle auf wirkliche Zufallsfunde, die, wie gezeigt, sehr selten und somit günstig zu versichern sind.

Wie könnten sich professionelle Agenturen finanzieren? Einmal durch Spenden, zum zweiten durch Aufträge von Versicherern, die das nicht im eigenen Hause anbieten wollen, und drittens durch Beteiligung am Schadensersatz.

Wie oben gezeigt, müsste ein Täter für Schäden aufkommen. Missbrauchte Kinder leiden oft ein Leben lang. Die entsprechenden Schadensersatzforderungen werden also hoch sein. Je früher jemand Opfer einer Straftat wird, desto höher ist in der Regel der Schadensersatz, weil er ja noch viel mehr Zeit hätte, ohne durch die Folgen der Straftat beeinträchtigt zu sein, zu arbeiten. Eine Beeinträchtigung trifft ihn also viel länger und das potenziell entgangene Einkommen geht damit in die Millionenhöhe. Ein Drittel der Forderungen könnten zum Beispiel an die Kinderschutzorganisation gehen, ähnlich wie heute schon Anwälte in Amerika einen Teil der zugesprochenen Schadenssumme bekommen.

Es ist daher sehr wahrscheinlich, dass sich nicht nur gemeinnützige, sondern vor allem profitorientierte Unternehmen des Schutzes von Kindern annehmen. Das ist positiv, weil diese Unternehmen besonders umsichtig agieren müssen, um ihren Ruf und damit den Gewinn nicht zu gefährden. Sie stehen in einem sehr harten Wettbewerb, gerade weil das Thema so sensibel ist.

In Deutschland ist eine Erfolgsbeteiligung verboten. In einer PRG würde man jedoch fast ausschließlich mit Erfolgsbeteiligungen arbeiten. Dies garantiert im Übrigen auch, dass nicht versicherte Personen noch zu ihrem Recht kommen, wenn es um entsprechend hohe Schadenssummen geht.

Die Provision muss noch nicht einmal von der Schadensersatzsumme abgehen. Gerichte könnten einen entsprechenden Wert einfach beim Urteil aufschlagen. Wir erinnern uns: Die Rechtsprechung würde so gestaltet, dass die Anzahl der entsprechenden Verbrechen minimiert wird. Es liegt auf der Hand, dass Erfolgsbeteiligungen dabei eine Rolle spielen, denn das ist die mit Abstand beste Methode, ein Ziel zu erreichen. Es gäbe schließlich keine staatliche Regelung, welche Methode oder Strafe zulässig ist und welche nicht.

Auch hier ist wieder ein erheblicher Unterschied zum Staat

zu erkennen: Kinderschutzorganisationen sind ebenso wie Jugendämter, Kindergärten oder Kinderheime extrem anfällig dafür, von Pädophilen unterwandert zu werden. Eine private Kinderschutzorganisation würde aber sofort alle Kunden verlieren, wenn es zu entsprechenden Skandalen kommt. Die Konkurrenten würden schon aus Eigeninteresse für die Aufdeckung von Missständen sorgen. Die Sicherheitsmaßnahmen würden also sehr strikt sein und ähnliche Regelungen beinhalten, wie ich sie oben bei Korruption geschildert habe. Also: Sehr hohe Strafen für die Täter, hohe Belohnungen für diejenigen, die einen Missbrauch melden.

Da die Täter fast ausschließlich männlich sind, bin ich auch sicher, dass sich diejenigen Einrichtungen durchsetzen werden, bei denen hauptsächlich Frauen arbeiten. Auch hier gilt: Es gibt keine „Antidiskriminierungsgesetze". Und selbstverständlich würde niemals jemand in eine Kinderbetreuung kommen, dessen heilige Schriften einen Mann verehren, der eine Sechsjährige geheiratet und die Ehe mit neun Jahren vollzogen hat.

Aber spräche der effiziente Schutz von Kindern nicht für eine Schulpflicht, so dass potenzielle Missbrauchsfälle eher auffliegen würden? Natürlich kann man immer extreme Rettungsbootszenarien von Tätern entwerfen, die ein Kind völlig dem gesellschaftlichen Leben entziehen und zum Beispiel nicht auf eine Schule schicken.

Zum einen können sich auch in einem Staat Menschen, die Böses vorhaben, dem gesellschaftlichem Leben weitestgehend entziehen. Zweitens habe ich schon ausgeführt, dass jemand, der keine Versicherung hat, auch niemanden hat, der ihn verteidigt, wenn besorgte Menschen nachschauen wollen, was in dieser einsamen Hütte im unbewohnten Wald vor sich geht.

Drittens bräuchte man für eine Schulpflicht einen Staat, womit man sich alle Nachteile eines Staates mit einkauft. Letztlich könnten Sie mit dem Schutz von Kindern auch einen totalitären Überwachungsstaat rechtfertigen, bei dem die Obrigkeit regelmäßige Kontrollen in jedem Haushalt durchführt. Es sollte klar geworden sein, dass Kinder in einer PRG viel besser geschützt wären, was nicht heißt, dass Verbrechen völlig unmöglich wären. Sie kommen aber viel seltener vor und wenn sie entdeckt werden, werden sie viel höher bestraft.

Was ist mit der Volljährigkeit? Da es keine gesetzlichen Vorgaben gäbe, ab wann jemand erwachsen ist, bleibt es einem neutralen Richter überlassen, entsprechende Entscheidungen zu treffen. Heute werden jugendliche Intensivstraftäter sehr milde abgeurteilt. In einer PRG würden neutrale Richter aber sicherlich zu dem Schluss kommen, dass jemand, der in der Lage ist, Straftaten am Fließband zu begehen, auch erwachsen genug dafür ist, bestraft zu werden. Die Strafen wären also höher als heute.

Insgesamt würden in einer PRG die Wünsche der Kinder besser berücksichtigt. Wenn also ein Kind sagt, es möchte nicht mehr bei seinen Eltern wohnen, würde dies eher berücksichtigt. Es gibt zahlreiche Fälle, wo das Jugendamt nichts unternommen hat, obwohl klar war, dass das Kind misshandelt wird, wie etwa im Fall des kleinen Juri[50], des Mädchens Jessica[51] oder der kleinen Karolina[52]. Sie haben das alle nicht überlebt. Im Fall des totgeprügelten Mädchens Yagmur[53] hatte das Jugendamt das Kind sogar selber wieder in die Fänge ihrer bei verschiedenen Ämtern als problematisch eingestuften Eltern zurückgebracht, nachdem es schon bei einer Pflegefamilie war.

Ich erinnere mich sogar, von einem Fall gelesen zu haben, wo das Kind zur Polizei geflohen war, weil es misshandelt wurde. Die Polizei brachte das Kind zurück und einen Tag später wurde es vor dem Fenster des Elternhauses tot aufgefunden. Es wäre in einer PRG undenkbar, dass ein Kind, das sich an eine private Sicherheitsfirma wendet, wieder zu den Tätern zurückgebracht würde. Wie schon erläutert, haften private Sicherheitsfirmen für ihr Handeln und die Versicherungen würden sicher verlangen, dass so ein Kind an eine Kinderschutzorganisation übergeben wird.

Auf der anderen Seite nimmt das Jugendamt aus nichtigen Gründen Kinder ihren Eltern weg, manchmal sogar aus politischen Motiven. Dabei kann es reichen, das Kind auf eine „fremdenfeindliche Demonstration“[54] mitzunehmen. Selbst eine „fremdenfeindliche“ Äußerung[55] auf Facebook kann zum Kindesentzug führen. Wir wissen ja, dass der Staat es schon als „fremdenfeindlich“ einstuft, wenn ganz normale Bürger gegen die unkontrollierte Masseneinwanderung und die damit steigende Kriminalität auch gegenüber Kindern protestieren. Das wäre natürlich völlig undenkbar in einer PRG.

Oder nehmen Sie den unglaublichen Fall, den mir Jo Conrad[56] im Interview erzählt hat. Der Journalist klärt schon seit Jahren über Kindesmissbrauch durch staatliche Stellen oder hohe politische Kreise auf. Das wurde ihm offenbar zum Verhängnis. Ein Junge namens Dave wurde in einem staatlichen Kinderheim misshandelt und brauchte Hilfe. Conrad stellte Kontakt zu einer Frau her, die bereit war, das Kind aufzunehmen. Die Polizei tauchte bei ihr auf und exakt derjenige, der im Jugendamt dafür zuständig war, das Kind in dieses Heim zu stecken, nahm das Kind wieder mit! Bis heute weiß niemand, nicht einmal der leibliche Vater, wo das Kind steckt! Jo Conrad und die Frau, die dem Kind half, bekamen vom Gericht eine Geld- bzw. eine Gefängnisstrafe (Stand November 2017)!

In einer Privatrechtsordnung hätte der leibliche Vater die Helferin verklagen müssen (der ist aber offensichtlich auf der Seite der Helferin) oder ein privates Kinderheim hätte auf Herausgabe des Kindes klagen müssen. Wenn dann nachgewiesen worden wäre, dass das Kind misshandelt wurde, wären der Leiter des Kinderheims und weitere Verantwortliche in den Knast gekommen und nicht die Helferin. Wäre die Helferin in einer PRG versichert, hätte allerdings auch ihre Versicherung verlangt, dass Dave in eine entsprechende geprüfte Einrichtung kommt, oder ein neutrales Gericht hätte entschieden, ob die Helferin das Adoptionsrecht bekommt. Auf jeden Fall wäre die Situation für das Kind wesentlich besser.

Wenn es keine gesetzlichen Vorgaben gibt, ab wann ist dann der Sex mit nach heutigem Maßstab Minderjährigen verboten? Dazu wieder kurz zur Situation heute. Epoch Times berichtet:

In Frankreich wird sich das Parlament mit der Frage befassen, ob Kinder mit 13 Jahren bereits ein Mindestalter für einvernehmlichen Sex erreicht haben und Geschlechtsverkehr unter diesem Alter per se und de jure unter Zwang stattfindet, berichtet The Local.

Derzeit liegt das vom Gesetz festgelegte Mindestalter bei 15 Jahren. Ein Fall in Kapverden, wo im April ein 22-jähriger Mann Sex mit einer 11-Jährigen hatte, sorgt nun aber für eine Debatte. Der Franzose ist zunächst wegen Vergewaltigung verurteilt, dann aber nur noch des sexuellen Übergriffs auf eine Minderjährige angeklagt worden, da keine Beweise dafür erbracht werden konnten, dass das Mädchen zum Sex gezwungen wurde.

Man ahnt schon, dass dies mit der Islamisierung Frankreichs zusammen hängt, aber man könnte ja durchaus argumentieren, dass die Situation bislang besser war. Dazu muss man wissen, dass mit dem Staat auch die Verjährungsfristen verschwinden. Ein Kind, das später als Erwachsener beziehungsweise mit 16, 17 oder 18 Jahren oder wann auch immer zu dem Schluss kommt, beispielsweise vom Vater missbraucht worden zu sein, kann jederzeit klagen.

Natürlich ist in solchen Fällen die Beweisführung extrem schwierig, aber das ist sie auch in einem Staat. In einer PRG würden eben im Wettbewerb stehende, neutrale Richter den Fall beurteilen und nicht ein Richter, der die gerade herrschende Ideologie des Staates befolgen muss. Ein neutraler Richter würde alleine danach entscheiden, ob das Opfer tatsächlich gelitten hat oder heute noch leidet.

Grundsätzlich gilt: Sobald ein Kind seinen Willen artikulieren kann, findet es auch Gehör. Es kann mit Hilfe von Erwachsenen, etwa von einer Kinderschutzorganisation, klagen und der Organisation wird vom Richter eine Vergütung für ihre Tätigkeit zugesprochen, wenn sich die Vorwürfe als zutreffend erweisen.

Allein erziehende Mütter

Was ist mit allein erziehenden Müttern in einer PRG? Zunächst: Ändert sich die Anreizstruktur, ändert sich auch das Verhalten der Menschen. Wenn sich Frauen nicht mehr auf den Staat verlassen können, werden sie bei der Partnerwahl vorsichtiger. Dazu liegt auch umfangreiches Datenmaterial aus den USA[57] vor. Als Mitte der sechziger Jahre die US-Regierung beschlossen hat, allein erziehende Mütter stärker zu unterstützen, ist deren Zahl geradezu explodiert, vor allem in der schwarzen Bevölkerung. Das hatte zur Folge, dass zahlreiche Kinder ohne positives Vätervorbild aufwuchsen und dadurch auch die Kriminalitätsraten in dieser Bevölkerungsgruppe stiegen.

Wenn es keinen Staat gibt, verändert sich auch das Verhalten der Frauen. Wer immer noch promiskuitiv leben will, würde sich zumindest vor dem Verkehr vom Partner vertraglich zusichern lassen, dass er sich um die Kinder kümmert, falls sie schwanger wird.

Auf dem heutigen Stand der Technik gäbe es dazu vermutlich eine „Beischlaf-App", mittels derer sich beide zu bestimmten Bedingungen verpflichten, also er beispielsweise zur finanziellen Unterstützung und sie sich zu einem Besuchsrecht des Vaters. Das hört sich jetzt etwas unromantisch an, aber es ist auch nicht viel unromantischer, als sich vor dem Sex ein Kondom überzuziehen, was ja heutzutage doch die meisten noch zu Wege bringen, ohne dass davon die Welt untergeht.

Aber selbst wenn die Frau unvorsichtig ist und der Vater sie dann im Stich lässt, hat sie in einer PRG wesentlich mehr Möglichkeiten als heute. Jeder müsste viel weniger arbeiten, weil Steuern, Abgaben und Inflation durch das staatlich garantierte Geldmonopol wegfielen. Dazu meine anderen Bücher und die Werke der Österreichischen Schule beachten. Jede Frau kann in einer PRG leicht einen Arbeitsplatz finden und genug Geld für sich und das Kind verdienen.

Es gibt keine unfreiwillige Arbeitslosigkeit in einer PRG

Ich bin in meinen anderen Büchern schon ausführlich darauf eingegangen und präsentiere die Texte dazu noch einmal hier. Da das Thema aber so wichtig ist, versuche ich noch einen dritten Ansatz, um Ihnen die Sache zu erklären. Das ist vor allem für Anhänger des Grundeinkommens[58] wichtig, die glauben, durch technischen Fortschritt würde die Arbeit ausgehen.

Die Produktivität hat sich in Deutschland seit Errichtung der Bundesbank etwa versechsfacht. Hätten die BGE-Anhänger recht, hätten ja 83% der Arbeitsplätze verloren gehen müssen, da heute 17 Menschen soviel produzieren wie früher 100. In Wirklichkeit müssten die Menschen heute bei gleichem Lebensstandard nur noch ein Sechstel soviel arbeiten. Um Ihnen das begreiflich zu machen, stellen Sie sich folgende Situation vor:

Heute arbeiten nur circa zwei Prozent der Menschen in der Landwirtschaft, früher waren es fast 100 Prozent. Das heißt, heute kann ein Mensch Nahrung für mindestens 50 Menschen produzieren. Sie müssten also nur herrenloses oder günstiges Land erwerben und könnten sich und 50 weitere Menschen ernähren. Wenn Sie sich die entsprechenden Maschinen nicht leisten können, dann wären es eben nur zehn weitere Menschen, aber jedenfalls mehr als einer. Daran können Sie schon sehen, dass es gar keine Arbeitslosigkeit geben kann, denn Sie müssten ja nur Landwirt werden und könnten sich, Ihre Familie und x weitere Menschen ernähren.

Aber woher haben denn die anderen das Geld, um Ihnen die Nahrung abkaufen zu können? Weil sie etwas anderes herstellen, das andere Leute brauchen können. Es ist natürlich nicht sinnvoll, Landwirt zu werden, wenn Sie etwas anderes besser können oder lieber machen. Aber ganz egal, wie viel Arbeit in Zukunft die Maschinen erledigen: Der technische Fortschritt führt immer dazu, dass sich alle mehr leisten können oder weniger arbeiten müssen. Wachstum, was in Wirklichkeit technischer Fortschritt ist, ist nichts Schlechtes, sondern sorgt lediglich dafür, dass wir weniger arbeiten müssen. Dazu noch meine anderen Texte, wobei sich natürlich die Argumentation zum Teil wiederholt. Zum Wachstum aus dem „Kapitalismus-Komplott“:

Die einsame Insel: Gibt es einen Wachstumszwang?

Ökonomen benutzen häufig das Bild der einsamen Insel, um wirtschaftliche Prinzipien zu erklären. Das ist eine sehr gute Methode, Dinge plastisch darzustellen. Gleichzeitig muss aber auch erklärt werden, warum das Beispiel verallgemeinerbar ist.

Ich will am Beispiel der Insel zunächst mit einem weiteren großen Mythos aufräumen, der viele Kapitalismus-Kritiker umtreibt. Sie behaupten, dass im Kapitalismus Wachstum notwendig wäre. Diese Wachstumsfixierung sei ein großes Übel und wir sollten uns doch mehr bescheiden und auch mit weniger Wachstum zufrieden sein.

Ein Kollege von mir bei Focus Money stand einmal vor der undankbaren Aufgabe, in einem Artikel zu erklären, warum die Wirtschaft eigentlich wachsen müsse. Er fand niemanden, der ihm das schlüssig erklären konnte. Er landete dann bei Leuten, die erklärten, dass Wachstum eigentlich etwas Schlechtes sei. Das ist die Denkschule des Club of Rome. Das einzige Argument, auf das der Kollege dann doch noch stieß, war, dass wir Wachstum bräuchten, weil durch Rationalisierung immer mehr Arbeitsplätze wegfielen, was mittels

Wachstum ausgeglichen werden müsse.

In Wirklichkeit brauchen wir in unserem staatsmonopolistischen Geldsystem Wachstum, um die sich beim Staat durch Zinseszinsen auftürmenden Schuldenberge tilgen zu können – ein Rennen, das aber nie zu gewinnen ist. Die schlichte Wahrheit ist, dass die Marktwirtschaft überhaupt kein Wachstum braucht. Aber sie wächst von selbst, wie wir gleich sehen werden.

Nehmen wir also eine einsame Insel mit zehn Bewohnern. Bisher ernähren sie sich durch das Pflücken von Kokosnüssen. Irgendwann ist einer das Knacken von Kokosnüssen leid und kommt auf die Idee, er könnte auch fischen. Aber er probiert es erst einmal heimlich aus, weil er sich nicht blamieren will. Eines Tages präsentiert er den anderen stolz seinen Fang und lässt sie probieren. Die anderen finden den Fisch lecker und bieten zum Tausch ihre Kokosnüsse an.

Der Fischer kann relativ viel als Gegenleistung verlangen, weil er als Einziger weiß, wie er Fische fängt. Da er gar nicht so viele Kokosnüsse essen kann, wie ihm angeboten werden, verlangt er andere Leistungen. Er lässt sich den Rücken kraulen, Luft zuwedeln oder anderweitig verwöhnen.

Irgendwann ist einer das Rückenkraulen leid, und er findet selbst heraus, wie man Fische fängt. Bedingt durch die neue Konkurrenz sinkt der Tauschwert der Fische. Schluss ist mit dem lockeren Leben, aber der erste Fischer kommt immer noch gut zurecht. Nach und nach entscheiden sich die anderen Inselbewohner entweder fürs Fischen oder fürs Knacken von Kokosnüssen. Ein neues Gleichgewicht pendelt sich ein.

Dann entdeckt einer seine Fähigkeiten, Hütten zu bauen und bietet diese Leistung zum Tausch an, und so geht es immer weiter. Diese Marktwirtschaft funktioniert ganz ohne

Wachstum. Jeder überlegt sich abhängig von seinen Fähigkeiten und Wünschen, was er anbietet und was er im Tausch dafür will.

Plötzlich hat einer der Fischer eine geniale Idee, eine technische Neuerung. Statt jeden Fisch einzeln mit der Hand oder dem Speer zu fangen, bastelt er sich aus Bambusseilen Fangnetze. Mit der Beute eines einzigen Tages kann er alle Bewohner eine Woche lang versorgen. Gäbe es auf der Insel einen Gewerkschafter, wäre jetzt das Wehklagen groß: Das ist unfair! Alle Fischer werden arbeitslos wegen dieser gemeinen Technologie, das müssen wir verbieten!

Aber unsere Inselbewohner sind vernünftig und alles geht seinen natürlichen Lauf. Fische sind sehr billig geworden. Die anderen können sich für einen Bruchteil ihrer bisherigen Arbeit satt essen. Würde der Fischer seine „Marktmacht" ausnützen und die Fische zu teuer anbieten, würden die Leute die Fische wieder selbst fangen, vielleicht auch selbst Netze benutzen – oder einfach etwas anderes essen.

Mittlerweile bietet nur noch einer Kokosnüsse zu Höchstpreisen an. Einige gehen wieder zurück ins Kokosnuss-Business, einige tauschen andere Leistungen untereinander aus. Der High-Tech-Fischer hat so viel Zeit, dass er sich die restliche Woche ausruhen könnte. Aber unser Mann hat Unternehmergeist. Er entwickelt eine schnelle Methode zum Hüttenbauen.

Innerhalb kürzester Zeit verdrängt er den herkömmlichen Hüttenbauer, der sich daraufhin anderen Tätigkeit widmet. Es sind immer noch zehn Menschen, sie haben immer noch dieselbe Zeit zur Verfügung. Durch fortschrittliche Methoden sind die Bewohner aber plötzlich mit mehr Waren versorgt. Sie haben Kokosnüsse, immer komfortablere Hütten, Fische und was sich die Bewohner sonst noch so ausgedacht haben.

Das heißt, das Güterangebot und die Qualität steigen, ohne dass die Bevölkerung gewachsen ist. Dabei verändern sich ständig die Austauschverhältnisse – Preise – der Waren. Die Bewohner stellen sich darauf ein, und die Arbeitskraft wird immer in die Bereiche gelenkt, wo sie besonders gefragt ist. Dabei wird aber keiner arbeitslos. Die Innovativsten können sich überlegen, ob sie mehr Freizeit haben wollen oder weitere Dinge erfinden. Die weniger Erfindungsreichen suchen sich eben eine Tätigkeit, die ihren Fähigkeiten entspricht und wofür sie Abnehmer finden.

Selbst wenn in unserer modernen Gesellschaft alle Güter durch Maschinen produziert werden würden, wären die Leute trotzdem nicht arbeitslos. Irgendjemandem würde es schon zu langweilig werden, und er hätte eine Idee, wie er die anderen erfreuen könnte.

Das Angebot schafft sich die Nachfrage, wie auch die Mainstream-Ökonomen sagen. Vielleicht liest der Gelangweilte den anderen Gedichte vor oder krault ihre Rücken. Im Gegenzug würden sie ihn an der Wange streicheln oder ihm die Haare schneiden. Die Arbeit geht nie aus. Sie verteilt sich – ohne staatlichen Eingriff – einfach nach der relativen Wertschätzung für die jeweilige Leistung.

Aber ist das Beispiel auf eine moderne Volkswirtschaft übertragbar? Sehr wohl! Je größer eine Gesellschaft ist, desto besser greifen diese Mechanismen. Zehn Leute sind noch relativ einfach zentral zu steuern. Einer könnte sich zum Beispiel zum Häuptling aufschwingen. Der entscheidet dann, wer fischt und wer Kokosnüsse knackt. Wenn er ein weiser Häuptling ist, teilt er die Leute nach ihren Fähigkeiten ein.

Aber da beginnen schon die Probleme. Vielleicht hat der beste Fischer gar keine Lust auf das Fischen. Oder der Häuptling mag einen nicht und macht ihn zum Fischer, obwohl er wasserscheu ist. Aber selbst wenn er alles möglichst fair aufteilt, gibt es keinen Anreiz, etwas zu erfinden. Denn der Häuptling teilt ihn ohnehin nach seinem Gusto ein. Wenn ein Fischer beispielsweise das Netz erfindet, ist er auf das Wohlwollen des Häuptlings angewiesen, dass er im Gegenzug auch Freizeit bekommt. Stämme mit solchen Strukturen neigen dann auch nicht gerade zum Fortschritt.

Genau diese Strukturen sind es – im Kommunismus oder Faschismus und abgeschwächt in der sozialen Marktwirtschaft –, die den Fortschritt hemmen. Wenn die Wirtschaftssubjekte nicht wissen, ob ihr Bemühen auch eine Belohnung bringt, weil der Staat sie vielleicht für die Leistung bestraft, dann leisten sie natürlich auch weniger.

Das Inselbeispiel ist deshalb so gut übertragbar, weil es bei Millionen Menschen völlig unmöglich ist, alle zu steuern. Der weise Häuptling würde schon mit zehn Leuten Schwierigkeiten haben, alle zufrieden zu stellen. Auf der anderen Seite funktioniert die Marktwirtschaft mit Millionen Menschen noch viel besser als nur mit zehn. Die Leute können nicht nur unter Kokosnussknacken und Fischen auswählen, sondern unter Tausenden von Berufen mit den unterschiedlichsten Anforderungen.

Warum trotzdem so viele unglücklich sind, liegt unter anderem an unserem Geldsystem, aufgrund dessen wir viel mehr arbeiten müssen, als es sonst nötig wäre. Wichtig ist: Eine Marktwirtschaft muss nicht wachsen, aber sie wächst durch technischen Fortschritt. Die Bedürfnisse und Fähigkeiten der Menschen gleichen sich automatisch aus. Die menschliche Arbeitskraft ist endlich, der Erfindungsgeist nicht. Deshalb gibt es keine Grenzen für Wachstum. Aber die Unternehmen haben nur die Möglichkeit, unter den vorhandenen Arbeitskräften auszusuchen. Die prosperierenden Branchen können die höheren Löhne zahlen. Wenn die Gewerkschaften in weniger gefragten Branchen an hohen Löhnen festhalten, beschleunigt dies nur ihren Niedergang. Schreitet der Staat dann mit Subventionen ein, fehlt das Geld für Investitionen in neuen, innovativeren Branchen.

Der technische Fortschritt würde es uns längst möglich machen, viel mehr Produkte für dieselbe menschliche Leistung zu kaufen, wenn durch die staatlich induzierte Inflation das Geld nicht immer mehr an Kaufkraft verlöre.

Zur Arbeitslosigkeit aus den „Vereinigten Staaten von Europa“:

Warum es in einer freien Marktwirtschaft keine Arbeitslosigkeit geben kann

In Diskussionen über den Libertarismus hört man oft die Frage, woher denn die Arbeitsplätze kommen sollen, die ja vorhanden sein müssen, wenn sich jeder privat absichern soll. Ein kurioses Argument, denn die freie Marktwirtschaft ist eine Jobmaschine. Im Grunde ist es ganz einfach: Der Arbeitsmarkt ist ein Markt wie jeder andere auch. Sozialisten wenden dann oft ein: Menschen sind doch keine Produkte. Sie vergessen dabei, dass an jedem Markt Arbeitskraft gehandelt wird. Jedes Produkt, das Sie kaufen, wurde von Menschen produziert.

Am Markt gleichen sich Angebot und Nachfrage über den Preismechanismus aus. Das lernt man eigentlich sogar schon an staatlichen Schulen. Jeder kennt (oder sollte sie kennen) die Angebots-Nachfrage-Kurven. Wenn auf der Y-Achse der Preis abgetragen wird und auf der X-Achse die Menge, verläuft die Angebotskurve von links unten nach rechts oben: Je höher der Preis, desto mehr Waren werden angeboten. Die Nachfragekurve verläuft von links oben nach rechts unten: Je niedriger der Preis, desto mehr Waren werden nachgefragt.

Die beiden Kurven schneiden sich an dem Punkt, wo sich Angebot und Nachfrage ausgleichen. Zwar ist der Markt nie wirklich im Gleichgewicht, aber er strebt diesem Gleichgewicht entgegen. Genauso ist es am Arbeitsmarkt. Je niedriger der Lohn, desto mehr Arbeit wird nachgefragt. Je höher der Lohn, desto mehr Arbeit wird angeboten.

Letzteres ist auch die Antwort auf die gern gestellte Frage, ob in einer Marktwirtschaft die bösen Unternehmen die Löhne beliebig drücken könnten. Das können sie eben nicht, weil dann niemand bereit wäre, zu arbeiten. Wäre es anders, gäbe es ja heute bereits nur Ein-Euro-Jobs, denn Unternehmen sind immer an möglichst niedrigen Löhnen interessiert. Arbeitnehmer sind aber an möglichst hohen Löhnen interessiert und man trifft sich eben dort, wo der Unternehmer noch einen auskömmlichen Gewinn macht und der Arbeitnehmer einen für ihn zufrieden stellenden Lohn erhält.

Aber das ist doch alles graue Theorie, wendet der Staatsjünger ein. In der Praxis nutzen die bösen Unternehmer ihre angebliche Marktmacht und beuten Arbeitnehmer schamlos aus. Falsch. Ein Unternehmer muss aus Eigennutz gute Arbeitsbedingungen bieten, weil die Arbeitnehmer sonst zur Konkurrenz gehen. Heute gibt es tatsächlich einige Unternehmen mit schlechten Arbeitsbedingungen. Das liegt aber nur und ausschließlich daran, dass der Staat durch unzählige Eingriffe – Regulierung und Steuern – Arbeitsplätze vernichtet. Jeder Staatseingriff zerstört Arbeitsplätze.

Jeder Staatseingriff stört den oben geschilderten Preismechanismus. Jede Regulierung erhöht die Arbeitskosten, so dass Arbeit weniger nachgefragt wird. Das ist ein Naturgesetz. Es folgt aus der Natur des Menschen, seinen eigenen Vorteil zu suchen. Gleichzeitig sind Menschen aber auch soziale Wesen, die freiwillig mit anderen Menschen solidarisch sind.

Es gibt also keine einzige staatliche Maßnahme, die netto Arbeitsplätze schafft. Subventioniert der Staat beispielsweise eine bestimmte Branche, so fehlt das Geld für Produkte, welche die Menschen freiwillig gekauft hätten. In einer freien Marktwirtschaft gibt es auch kein schädliches „Horten" von Geld (höchstwahrscheinlich nicht beliebig vermehrbares Gold oder nicht beliebig vermehrbare Kryptowährungen wie Bitcoins). Da es keine Staatsanleihen gibt, kann man sein Geld nur vermehren, wenn man es investiert. (Selbst wenn die Leute aus Risikoscheu Gold horten würden, wäre das von Vorteil. Denn dieses Gold ist dem Kreislauf entzogen. Die Kaufkraft des restlichen Goldes steigt und die Waren werden billiger, was den Wohlstand aller erhöht.) Diese Investitionen schaffen Arbeitsplätze.

Ökonomen sprechen davon, dass sich das Angebot die Nachfrage selbst schafft. Unternehmen befriedigen Bedürfnisse, von denen die meisten Menschen gar nicht wussten, dass sie sie hatten. Beispielsweise war niemandem klar, dass die Menschen gern Handys ohne Tasten benutzen würden. Nur einer wusste es: Steve Jobs. Er hat seine Idee einfach ausprobiert und sie kam an. Auf diese Weise werden jeden einzelnen Tag irgendwo auf der Welt Ideen geboren, die Investitionen nach sich ziehen und Arbeitsplätze schaffen. Die Arbeit geht nie aus.

Woher wissen wir das? Von der Logik abgesehen kann der Marktmechanismus überall dort bewundert werden, wo es weitgehend freie Märkte gibt: im Supermarkt. Die Regale sind nie leer. Hätten die Sozialisten recht mit ihrer These vom Marktversagen, gäbe es ständig leere Regale oder volle Lager. Tatsächlich wird immer etwas mehr produziert, als wir brauchen, weil die Unternehmen miteinander konkurrieren, sich aber nicht alle Produkte verkaufen lassen. Daher besteht in einer freien Marktwirtschaft immer ein latenter Arbeitskräftemangel. Das ist keine Ressourcenverschwendung, weil es kein effizienteres System zur Ressourcenverteilung gibt als die Marktwirtschaft.

In einer Planwirtschaft werden viel mehr Ressourcen verschwendet. Die leichte Überproduktion erfüllt den Zweck, unterschiedliche Ideen auszuprobieren, weil der Unternehmer vorher nicht wissen kann, welches Produkt gut ankommt. Die Überproduktion wird dadurch weit überkompensiert, dass sich als Ergebnis die besten Produkte durchsetzen.

Deutschland brauchte deshalb in den Fünfzigerjahren Einwanderung, weil Ludwig Erhard eine relativ freie Marktwirtschaft eingeführt hatte. Heute wandern die Leistungsträger aus, Hunderttausende jedes Jahr. Das »Wirtschaftswunder« (nur Sozialisten wundern sich, für Libertäre war das normal) in den Fünfzigern lag nicht am Wiederaufbau. Die DDR hatte keinen vergleichbaren Aufschwung, obwohl Ostdeutschland genauso zerstört war wie Westdeutschland. Auch in den USA entstanden Millionen neuer Arbeitsplätze, obwohl sie nicht unter Kriegsschäden litten. Das lag einfach daran, dass Präsident Harry Truman nach dem Krieg die arbeitsplatzvernichtenden Staatseingriffe im Rahmen des „New Deal" wieder zurücknahm.

Im Laufe der kommenden Jahre sind alle westlichen Länder immer sozialistischer geworden und unzählige Arbeitsplätze wurden vernichtet. Die offizielle Staatsquote[59] war in Amerika 2012 mit 37,3 Prozent nur wenig niedriger als die deutsche mit 44,9 Prozent – im Gegensatz zu dem Zerrbild, das ahnungslose linke Journalisten von den USA zeichnen.

Aber gehen durch technischen Fortschritt keine Arbeitsplätze verloren? Ja, aber es entstehen laufend neue. Die Produktivität hat sich seit dem Krieg bis heute mehr als versechsfacht. Hätten die Staatsjünger recht, dürften ja nur noch ein sechstel der Arbeitsplätze existieren. Aber es gibt ganz im Gegenteil weltweit Milliarden Arbeitsplätze mehr als damals – das Bevölkerungswachstum herausgerechnet. Das liegt daran, dass in vielen Teilen der Welt – vor allem in Asien und Osteuropa – die Märkte immer freier gelassen wurden, während sie in Europa immer mehr stranguliert wurden. Deshalb entstehen dort die Arbeitsplätze und hier gehen sie verloren.

Führt die Globalisierung nicht zu Lohndumping? Tatsächlich hat die Globalisierung zur Folge, dass bestimmte Produkte im Ausland billiger produziert werden. Davon profitieren aber wir alle. Dem deutschen Arbeiter bleibt mehr von seinem Lohn, den er hierzulande ausgeben kann. Zudem können deutsche Unternehmen im Ausland billige Vorprodukte einkaufen und durch Innovation und Qualität hier „veredeln". Der Erfolg der deutschen Exportindustrie zur Zeit der D-Mark, die stärker war als die meisten anderen Währungen, ist ein Beleg dafür.

Vom freien Handel profitieren immer beide Seiten, was der Ökonom David Ricardo schon vor 200 Jahren bewiesen hat. Der Ricardo-Effekt funktioniert auch auf individueller Ebene. Gerade die Schwachen profitieren, wenn sich jeder auf das konzentriert, was er in Relation zu seinen anderen Fähigkeiten am besten kann. Das gilt sogar dann, wenn er alles schlechter macht als alle anderen.

Um den Nutzen der Arbeitsteilung zu erläutern, begeben wir uns auf eine kleine Insel mit zwei Bewohnern, nennen wir sie Stark und Schwach. Es gibt zwei Möglichkeiten, Nahrung zu produzieren, Kartoffelanbau und Fischen. Herr Stark kann beides besser. Er braucht fünf Stunden, um Kartoffeln für einen Tag zu produzieren, und vier Stunden, um Fische für einen Tag zu fangen. Herr Schwach braucht sechs Stunden für Kartoffeln und zehn Stunden fürs Fischen, also für beides länger als Stark.

Die Arbeitsteilung, die nur durch freie Verträge, unbeeinflusst von Regelungen, zustande kommt, führt nun dazu, dass sich beide auf das konzentrieren können, was sie am besten können. Stark fängt Fische. Schwach baut Kartoffeln an. Würde Schwach nun selber Fische fangen, bräuchte er dafür zehn Stunden. Er kann aber auch Kartoffeln anbauen und sie gegen die Fische tauschen. Er muss also nur sechs Stunden dafür arbeiten, wo er vorher zehn Stunden gebraucht hätte. Der Nutzen für Stark ist auch da. Er muss nur vier Stunden für Kartoffeln arbeiten, wo er sonst fünf Stunden gebraucht hätte. Wichtig: Der Schwächere profitiert mehr als der Stärkere. Der Starke erspart sich nur eine Stunde, während sich der Schwache vier Stunden spart.

Um zu verstehen, dass uns nie die Arbeit ausgehen kann, stellen Sie sich vor, was Sie alles von anderen erledigen lassen würden, wenn Arbeitszeit nichts kosten würde. Sie würden Abwaschen, Papierkram, Putzen, Autofahren und so weiter andere machen lassen. Handwerk hätte wieder goldenen Boden. Heute ist es durch die hohen Abgaben so, dass ein Arzt in der Klinik mehr als eine Stunde arbeiten muss, um eine Handwerkerstunde bezahlen zu können. Das ist Irrsinn. Außerdem gibt es einen Mangel an Auszubildenden, weil uns eine linksverseuchte Presse einredet, man gelte nur etwas, wenn man studiert hat. Hunderttausende handwerklich begabter Leute langweilen sich in Bürojobs zu Tode. Sie basteln dann zu Hause im Hobbykeller, statt ihre Talente am Markt anzubieten.

Leute, die uns einreden, jeder müsste studieren, sind arrogante, menschenverachtende Snobs. Sie suggerieren, jemand wäre nur etwas wert, wenn er geistig arbeitet. Die Menschen haben eben unterschiedliche Fähigkeiten und das ist auch gut so. Wenn jeder handwerklich so begabt wäre wie ich, würde das Land in kürzester Zeit in Schutt und Asche liegen. Wir müssen es wieder zu schätzen lernen, wenn Menschen solche Fähigkeiten haben. Es ist eben nicht jeder ein Einstein, doch deshalb ist er keinen Deut weniger wert. Der „Wert" eines Menschen bemisst sich eben nicht in Geld, sondern liegt in seinem Charakter.

Freie Unternehmer würden auch Behinderte viel besser integrieren, als es qua geltendem Gesetz der Fall ist. Heute müssen die Unternehmen irgendwelche Quoten erfüllen, die Kosten verursachen, womit sich das Anbieten vieler Produkte nicht lohnt. Wie wäre das in einer freien Marktwirtschaft? Ganz einfach, ein Behinderter würde seine Arbeitskraft billiger anbieten. Nehmen wir an, er braucht für eine bestimmte Aufgabe 10 Prozent länger als andere Arbeitnehmer. Er könnte dann zum Beispiel hergehen und 15 Prozent weniger Lohn verlangen. Das schützt ihn, wenn der Unternehmer Leute entlassen muss, denn der wird eher die Nicht-Behinderten zuerst entlassen, weil das für ihn günstiger ist.

Aber das ist doch unfair und menschenverachtend! Im Gegenteil: Der Behinderte weiß, dass er nicht auf Almosen angewiesen ist, sondern nach Leistung bezahlt wird. Würde die öffentliche Meinung diese Ansicht offensiv vertreten, würde er sich nicht minderwertig fühlen, sondern im Gegenteil als vollwertiges Mitglied der Gesellschaft. Schließlich bietet er eine Leistung an, die freiwillig abgenommen wird, und entscheidet selbst, für welchen Lohn er wo arbeitet. Die Gehaltseinbußen lassen sich durch Versicherungen ausgleichen, welche die Eltern vor der Geburt abschließen. Die Beiträge dafür sind minimal, weil das Risiko bei der Geburt gering ist. Die meisten Behinderungen treten zudem erst später auf, worauf man keinen Einfluss hat, und sind daher gut versicherbar.

Ein weiterer Punkt: In Wirklichkeit sind Behinderte Superhelden. Wenn ihnen eine bestimmte Fähigkeit fehlt, entwickeln sie andere Fähigkeiten meist umso stärker aus und übertreffen darin Nicht-Behinderte. Blinde haben beispielsweise in der Regel ein besseres Gehör als Sehende. Sie können also bestimmte Jobs – etwa am Telefon – besser erledigen und dafür dann auch einen höheren Lohn verlangen. Natürlich gibt es auch Menschen, die von Vollinvalidität betroffen sind, aber das kann man, wie gesagt, versichern. Das ist natürlich ein schwacher Trost, aber das kann kein System der Welt ausschließen.

Das wichtigste Argument, das Sie in Diskussionen mit Staatsjüngern immer parat haben sollten: Selbst wenn Arbeitsplätze knapp würden, gäbe es nichts, was der Staat dagegen tun könnte. Finanziert er Arbeitslosigkeit oder subventioniert bestimmte Betriebe, muss er die Kosten dafür auf die produktiv Tätigen umlegen. Deren Arbeit wird teurer und folglich weniger nachgefragt. Die Ausgaben für Arbeitslosigkeit erhöhen sich, die Kosten steigen weiter, noch mehr Arbeitsplätze verschwinden. Aus diesem Teufelskreis gibt es kein Entkommen – und wir sind schon mittendrin. Das liegt aber ausschließlich daran, dass der Staat begonnen hat, die Arbeit mit Strafsteuern, Abgaben und Regulierungskosten zu belegen. Das hat den Teufelskreis erst in Gang gesetzt. Das müssen wir endlich begreifen. Denn: Fehlende Kenntnisse über die Natur des Menschen sind der Untergang der Menschheit.

Oft wird auch die Frage gestellt, was mit all den Beamten geschehen soll. Ganz einfach, sie arbeiten in der freien Wirtschaft und werden nach Leistung bezahlt. In einer Privatrechtsgesellschaft werden mehr Juristen gebraucht, nicht weniger. Es wird mehr »Polizisten«, also Sicherheitskräfte, geben, nicht weniger.

Ein gutes Beispiel ist die relative Liberalisierung des Telekommunikationsmarktes. Der Markt ist immer noch hoch reguliert und die UMTS-Lizenzen haben Oligopole geschaffen, trotzdem arbeiten mehr Leute in diesem Bereich, die Leistungen sind billiger und besser, ganz einfach weil unterschiedliche Bedürfnisse erfüllt werden.

Planwirtschaft funktioniert einfach nicht, weil es keine Marktpreise gibt, die Knappheiten signalisieren, wie Friedrich August von Hayek am Beispiel der DDR herausgearbeitet hat. Die Leute hatten zwar Arbeit, aber sie war nicht produktiv, weshalb der Staat irgendwann pleite ging. Planwirtschaft ist so unfassbar ineffizient, dass sie sogar versagt, wenn der Staat die Bedürfnisse der Bürger kennt. Jeder DDR-Politiker wusste, dass die Leute Autos haben wollen, und trotzdem musste man auf die Plastikschüssel namens Trabant zehn Jahre warten. Können Sie sich jetzt ungefähr vorstellen, um wie viel besser ein privates Rechts- und Sicherheitssystem wäre? Wir haben eine Trabbi-Justiz, könnten aber eine Mercedes-Justiz haben, die wegen des Wettbewerbs sogar noch günstiger wäre. Reiche würden etwas mehr bezahlen, beispielsweise für Alarmanlagen, aber sie haben auch mehr Geld und ein höheres Schutzbedürfnis. Die breite Masse würde weniger bezahlen bei besserer Leistung.

Ende der Buchauszüge, zurück zur allein erziehenden Mutter: Ihre Kinder könnte sie vor der Geburt gegen Behinderung versichern, was nicht viel kostet, weil es selten vorkommt. Sie selbst müsste nur einen Bruchteil arbeiten, wäre also trotzdem selbst die meiste Zeit bei ihrem Kind. Und vermutlich würde sie bei der nächsten Partnerwahl besser aufpassen.

Der Schutz von Tieren

Was ist mit dem Tierschutz: Ein Blick auf die Webseiten jedes beliebigen Tierschutzvereins zeigt Ihnen, dass es mit dem Tierschutz in Staaten offensichtlich nicht weit her ist. Im Gegenteil, sinnlose Subventionen führen zum Beispiel dazu, dass Tiere unter unsäglichen Bedingungen[60] in ganz Europa herumgekarrt werden, wie ein Spiegel-Artikel von 2005 berichtet. Ich bezweifle, dass sich da wirklich viel geändert hat, aber jedenfalls hat der Staat erst das Problem erzeugt, das er vorgibt, inzwischen zu bekämpfen.

Wie sähe der Tierschutz in einer PRG aus? Zunächst: Es ist natürlich unsinnig, Tiere rechtlich auf eine Stufe mit Menschen zu stellen, wie es viele Tierschützer fordern, weil Tiere keine Willenserklärungen abgeben können. Außerdem stünden sie ständig wegen Mord vor Gericht. Aber Menschen können Verträge abschließen und auf deren Einhaltung pochen. So könnten Tierschutzvereinigungen Plaketten für eine schonende Behandlung von Tieren vergeben. Sie könnten sich dadurch finanzieren, dass diese Plaketten etwas kosten. Gleichzeitig würden die Unternehmen vertraglich zusichern, sich an die Standards der Tierschutzorganisation zu halten. Tun sie es nicht, ist eine saftige Vertragsstrafe fällig.

Hier entsteht zwar ein gewisses „Moral Hazard“-Problem, dass Unternehmen ihre eigenen Tierschutzvereine gründen oder die Organisationen bestechen, aber konkurrierende Unternehmen würden genau das anprangern. Heute verlassen sich die meisten Bürger auf den Staat, den man nicht auswechseln kann. Eine Tierschutzorganisation, die sich korrupt verhält, kann aber sofort ausgetauscht werden. Was man sowohl bei diesem Thema, als auch bei Kindern oder Verbraucherschutz nie vergessen sollte:

Wenn es keine Politik mehr gibt, wäre alles, worüber die

Nachrichtensektionen der Presse berichten könnten, der Schutz von Kindern, Tieren und Verbrauchern. Darauf würden sich - neben Unterhaltung - die aufklärerischen Medien konzentrieren, was uns auch unmittelbar zum nächsten Thema führt.

Ist das nicht alles viel zu kompliziert?

Wahrscheinlich schwirrt Ihnen schon ein wenig der Kopf von all den komplizierten Mechanismen, die ich hier beschreibe. Ist das nicht alles zu viel für den durchschnittlichen Verbraucher, der ja offenkundig schon zu blöde ist, ordentliche Politiker zu wählen? Benötigt eine Privatrechtsordnung nicht vernunftbegabte, kritische Menschen, die es ja nicht im Überfluss zu geben scheint?

Die gute Nachricht: Nein.

Dazu zwei Beispiele: Ein Auto oder einen Computer zu bauen, ist eine komplizierte Angelegenheit. Die meisten Menschen haben nicht die geringste Ahnung, wie sie funktionieren. Aber sie sehen das Resultat: Ein Auto, das nicht fährt oder ein Computer, der nicht rechnen kann, setzt sich einfach nicht durch. Das Kerngeschäft dieser Unternehmen ist es, funktionstüchtige Autos oder Computer zu bauen. Das Kerngeschäft von Versicherungen und Sicherheitsunternehmen, die Staatsfunktionen übernehmen würden, wäre die Gestaltung von Verträgen. Das „Moral Hazard"-Problem, also die Tatsache, dass ein Vertragspartner den Anreiz hat, Informationen zu seinen Gunsten zu nutzen, wäre das dringendste zu lösende Problem. Daher würden die Unternehmen darauf ihren Fokus legen.

Nehmen wir ein Problem, das ich bisher nicht angesprochen habe: Wenn jemand stirbt und es besteht der Verdacht, es könnte sich um Mord handeln: Wäre es nicht wahnsinnig ineffizient, wenn sich jetzt hunderte von Detektivagenturen darum kümmern und alle Zeugen zigmal befragen würden? Ja, das wäre es und das wäre natürlich den Profis bewusst. Das heißt, die Unternehmen würden sich eine Lösung dafür ausdenken.

Beispielsweise könnte das Unternehmen, das zuständig für die Auszahlung der Belohnung ist, zunächst ein bestimmtes Unternehmen eine Art Generaluntersuchung durchführen lassen. Diese befragt zunächst als einzige Agentur alle relevanten Zeugen. Die Kunden von Versicherungen würden sicherlich zustimmen, in vernünftigem Rahmen als Zeuge zur Verfügung zu stehen. Wahrscheinlich wäre es effizient, diesen erst einmal Vertraulichkeit zuzusichern. Sie haften ja gegenüber dem Versicherer für Falschaussagen, also wäre es erst einmal nicht so entscheidend, ob man den Zeugen kennt. Damit das auszahlende Unternehmen ein Interesse an der Aufklärung hat, könnte man dieser Firma einen Teil der Belohnung in Aussicht stellen. Das kreiert kein Moral Hazard-Problem, weil ja ein falsch Beschuldigter wiederum klagen könnte.

Zusätzlich würden Belohnungen für sachdienliche Hinweise ausgelobt werden, die jeder beanspruchen könnte. Nehmen wir an, die erste Agentur leistet, aus welchen Gründen auch immer, schlechte Arbeit. Einem konkurrierenden Unternehmen fällt dies auf und meldet sich beim auszahlenden Unternehmen. Dieses könnte nun das offenbar besser arbeitende Detektivunternehmen mit ins Boot holen, weil es ja ein finanzielles Interesse an der Aufklärung des Falles hat. Wird ein Verdächtiger ermittelt, wird dieser zunächst befragt. Flüchtet dieser, obwohl er die Gelegenheit hatte, sich zu äußern, wird er an alle Agenturen und Sicherheitsunternehmen zur Fahndung ausgeschrieben.

Was ich damit sagen will: Es ist schwer vorherzusagen, wie genau die Verträge gestaltet sein werden, um eine effiziente Strafverfolgung zu gewährleisten. Aber man kann vorhersagen, dass die Verträge eben so gestaltet sein werden, dass Verbrechen effizient bekämpft werden, weil die Versicherer dann weniger auszahlen müssen. Ebenso wie die Reifen eines Autos rund sind, weil es sonst nicht rollen würde, und Computer das binäre System verwenden, weil sie sonst nicht rechnen könnten. Es braucht dazu keinen staatlichen Befehl.

Was ist mit Versicherern, die sich weigern zu zahlen?

Wir beobachten heute oft, dass Versicherer gar nicht auszahlen. Meistens berufen sie sich auf irgendeine Klausel im Kleingedruckten. Wer würde solche Kunden schützen, die ja selbst der Regelung zugestimmt haben?

Zunächst: Das heutige System ist mit einem freien Markt nicht vergleichbar. Es gibt zahlreiche Gesetze, die hohe Hürden für Neueinsteiger errichten. Gerade im Versicherungswesen gibt es tausende von Regelungen, die Newcomern einen Markteintritt erschweren. Das führt zu oligopolartigen Strukturen, in denen sich die Versicherer mehr erlauben können als in einem wirklich freien Markt. Das sehen Sie zum Beispiel an den völlig lächerlichen Öffnungszeiten des Bankenoligopols. Andererseits zwingt das Vorhandensein des Gewaltmonopolisten die Versicherer auch, ihre Verträge immer komplizierter zu gestalten.

Beispielsweise müssen die AGB jedes Mal angepasst werden, wenn ein staatliches Gericht einem Kunden recht gibt, obwohl er eigentlich im Unrecht war. Dazu ein Beispiel aus der Praxis. Ich wollte einmal Optionsscheine bei meiner Bank telefonisch handeln, aber hatte die Risikoerklärung der Bank nicht unterschrieben, die man alle paar Jahre erneuern muss.

Mein Hinweis, dass ich beruflich seit Jahren über Derivate schreibe und die Bank sicher nicht verklagen könnte, indem ich mich auf Unwissenheit berufe, überzeugte sie nicht. Warum? Weil staatliche Gerichte aus politischem Opportunismus sehr oft Verbrauchern recht gaben, obwohl sie im Unrecht waren. Deshalb werden die AGBs der Banken immer komplizierter und undurchschaubarer. Sie sind so lang, dass sie sich niemand mehr durchliest.

In obigem Beispiel haben immer wieder Kunden Recht bekommen, die behauptet hatten, sie wären nicht gut genug über die Risiken aufgeklärt worden. Das ist in den meisten Fällen barer Unsinn. Jeder, der eine höhere Rendite erwartet, weiß, dass damit höhere Risiken verbunden sind. Verlieren dann Kunden ihr Geld, versuchen es eben manche mit einer Klage. Da der Staat als Monopolist willkürlich Recht spricht, erhöht dies das grundsätzliche Risiko für jedes Unternehmen. Diese reagieren darauf mit immer ausführlicheren AGBs.

Es ist sicherlich unstrittig, dass die Menschen in einer PRG eine besondere Angst davor hätten, bei Verträgen über den Tisch gezogen zu werden. Wo eine besondere Angst herrscht, entsteht aber auch ein besonderer Bedarf. Sie könnten als Unternehmen zum Beispiel hergehen und diese Nachfrage nach angstfreien Verträgen befriedigen. Sie könnten sagen:

Lieber Kunde, ich verstehe, dass Sie keine komplizierten Verträge lesen und nicht über den Tisch gezogen werden wollen. Wie wäre es mit folgendem Vorschlag: Sie lassen sich von mir beraten - telefonisch oder persönlich - und wir zeichnen das Gespräch auf. Sie sagen mir genau was Sie wollen und dieses Band können wir später einem neutralen Richter vorlegen, der dann entscheidet, ob Sie genau das bekommen haben, was Sie wollen.

Der Kunde könnte bei einer Krankenversicherung zum Beispiel sagen: Ich will eine Versicherung, die auf jeden Fall zahlt, egal, was mir fehlt. Ich will auch, dass mir die Versicherung nicht kündigen kann, egal was passiert. Das ist eindeutig. Sucht nun der Berater eine Versicherung raus, die das eben nicht leistet, haftet er. Er wiederum ist bei einer Rückversicherung versichert, die von ihm eine entsprechende Ausbildung verlangt. Im Marktprozess würde natürlich herauskommen, dass Versicherer selbst diese Option anbieten. Dadurch reduziert sich aber auch das Risiko des neutralen

Beraters. Er würde immer noch Geschäfte mit den besonders ängstlichen Naturen machen. Natürlich hat das dann auch seinen Preis, aber da es keine Steuern und Abgaben mehr gibt, haben auch die ängstlicheren Naturen genügend Kleingeld übrig.

Vergleichen Sie es wieder mit der Situation heute. Der Staat ändert je nach Gutdünken seine Meinung zu Verträgen. Beispielsweise erklärt er im Nachhinein Eheverträge für ungültig, weil die Partner in einem Zustand geistiger Umnachtung seien, wenn sie verliebt wären. Der Gesetzgeber nennt dies „emotionale Abhängigkeit“[61]. So könnten Sie in einer PRG sicherlich nicht argumentieren, aber nach wie vor würden neutrale Richter Verträge daraufhin überprüfen, ob eine arglistige Täuschung vorliegt. Aber sicherlich würden private Gerichte weder das Argument zählen lassen, dass Liebe blind macht, noch, dass jemand nicht wüsste, dass Optionsscheine risikoreich sind.

Das heutige Scheidungsrecht hat schon unzählige Väter finanziell vernichtet und unzählige Kinder zu Unrecht ihren Vätern entzogen. Sprechen Sie einfach mal mit Geschiedenen. Es trifft in der Regel den Besserverdienenden, was manchmal auch die Frau ist. Aber meistens trifft es Männer, die nie mehr richtig auf die Beine kommen. Dazu gibt es auch unzählige Webseiten im Netz.

Könnten wieder Monopole entstehen?

Das mit Abstand häufigste Argument gegen eine PRG ist, dass wieder neue Monopole entstehen würden. Das ist ein seltsames Argument, denn derjenige erkennt mit dieser Entgegnung ja an, dass ein Monopol schlecht ist. Im schlechtesten Fall würde also dieser schlechte Zustand wieder hergestellt. Ich will Ihnen aber an praktischen Beispielen erklären, dass ich es für ausgeschlossen halte, dass in einer voll entwickelten PRG neue Monopole entstehen. Schauen wir uns dazu genau die Branche an, die in einer PRG zusammen mit den Sicherheitsunternehmen wesentliche Staatsfunktionen übernehmen würde: den Versicherungsmarkt.

Die Versicherungsbranche ist eine der am meisten regulierten Branchen überhaupt. Versicherungen werden sogar dazu gezwungen, in Wirklichkeit wertlose Staatsanleihen aus dem Fiat-Money-System aufzukaufen. Sie können nicht einfach hergehen und eine Versicherung gründen. Es werden unzählige Voraussetzungen vom Gesetzgeber verlangt[62]. Das heißt, der Staat hat hier besonders hohe Eintrittsbarrieren errichtet. Man würde also erwarten, dass es hier besonders einfach ist, ein Monopol aufzubauen.

Kennen Sie die Allianz-Versicherung? Fast jeder kennt sie. Trotzdem hat die Allianz nur einen Marktanteil von knapp siebzehn Prozent[63]. Wie kann das sein, obwohl der Marktführer nach Meinung der Staatsanhänger ja nur alle seine Konkurrenten aufkaufen müsste? Tja, so funktioniert der Markt eben nicht. Dazu ein Beispiel:

Nehmen wir an, ein Marktteilnehmer aus einer beliebigen Branche hätte bereits einen Marktanteil von 99%. Er will den einzigen verbliebenen Wettbewerber aus dem Markt drängen, indem er ihn unterbietet. Neue Marktteilnehmer bieten ihren Kunden normalerweise einen Vorteil, also einen niedrigeren Preis oder bessere Qualität. Aber um den Fall für meine Argumentation noch schwieriger zu machen, sagen wir, beide hätten dieselben Produktionskosten von 10 Euro pro Stück in einer Branche mit einem Gesamtvolumen von einer Milliarde Euro. Die Umsatzrendite beträgt die in Deutschland im Schnitt üblichen fünf Prozent. Nehmen wir an, der Marktführer geht fünf Prozent unter seine Produktionskosten um den Newcomer zu verdrängen. Als Marktführer muss er nun alle seine Kunden zum billigeren Preis befriedigen.

Wie lange kann er das durchhalten? Er hat vorher jedes Jahr 50 Millionen verdient und erzielt jetzt einen Verlust von 50 Millionen. Seinen Anteilseignern entgehen jedes Jahr 100 Millionen Euro. Der Wettbewerber hingegen kann sich zurücklehnen. Er bleibt bei seinem Preis und bedient nur diejenigen, die davon überzeugt sind, dass die Qualität den Preis von zehn Euro wert ist. Er könnte sogar die Ware des Marktführers aufkaufen, denn das ist billiger als sie selber herzustellen. Sobald der Marktführer pleite ist, übernimmt er ohnehin das ganze Geschäft.

Natürlich würden rationale Anteilseigner das kein Jahr lang mitmachen. Der Preis der Aktie würde ins Bodenlose stürzen, wenn aus einem Gewinn von 50 Millionen plötzlich ein Verlust von 50 Millionen würde, nur um einen kleinen mickrigen Wettbewerber auszuschalten. Genau deshalb lassen sich marktführende Unternehmen so gut wie nie auf ruinöse Preiskämpfe ein. Und wenn sie es tun, gehen sie in der Regel auch pleite.

Der Marktführer könnte den Konkurrenten natürlich auch aufkaufen, aber dann kommen eben neue. Alle haben ja dasselbe gute Chance/Risiko-Verhältnis. Tatsächlich gibt es zahlreiche Unternehmen, die nur zu dem Zweck gegründet werden, an ein Großunternehmen zu verkaufen. Dafür gibt es in der Wagniskapitalbranche sogar einen extra Ausdruck: Trade Sale. Das ist nicht zum Nachteil der Kunden, wie oft behauptet wird. Denn wenn der Aufkäufer die neue Technik nicht implementiert, macht es ein Konkurrent. Die Kunden des Marktführers profitieren also, wenn das Unternehmen alles richtig macht.

In einer Marktwirtschaft tauchen andauernd neue Unternehmen auf. Facebook hat MySpace abgelöst (allerdings nicht in einem fairen Marktprozess, dazu mehr in einem kommenden Buch). Nokia verkaufte 2014[64] die gesamte Mobilfunkbranche an Microsoft, weil es den Trend zu tastenlosen Handys verschlafen hatte. Warum hatte Nokia nicht einfach die Konkurrenten aufgekauft, wenn das für den Marktführer angeblich so einfach wäre?

In einer PRG kommt noch hinzu, dass es keine Patente gäbe, sich also Unternehmen dadurch keinen Vorsprung sichern könnten. Sie müssen permanent Innovationen bringen, um vorne zu bleiben. Jeder Konkurrent könnte auf neue Technologien zurückgreifen, so lange es nicht gelingt, sie geheim zu halten, was selten der Fall sein dürfte. Heute hält der Staat tausende von Patenten[65] geheim, die weder aufgekauft noch genutzt werden können. Alleine diese Patente hätten den Wohlstand der Menschen bereits erheblich erhöht.

Außerdem haben Kunden immer unterschiedliche Präferenzen. Auch wenn es bei einem Produkt keine objektiven Unterschiede gibt, fahren die einen eben lieber einen BMW und andere einen Mercedes. Es ist nicht möglich für ein Unternehmen, alle Zielgruppen gleichzeitig anzusprechen. Gerade für die Automobilbranche wurde schon unzählige Male vorhergesagt, dass am Ende nur ein Großkonzern übrig bleibe, weil die Investitionen so hoch wären, dass es billiger wäre, nur einer würde alle Autos produzieren. Die Wahrheit ist, dass die Investitionskosten zwar hoch sind, aber große

Unternehmen auch ineffizienter sind. In jeder Branche kommen ständig neue Wettbewerber dazu und machen irgendetwas besser als die alten.

Was wäre aber, wenn ein Wettbewerber die anderen mit Gewalt bekämpft? Jetzt lehnen Sie sich erst einmal zurück und überlegen sich, wie Sie das konkret machen würden.

Diejenigen, die die Waffen haben, sind die Sicherheitsunternehmen. Eines müsste also Gewalt anwenden, um alle anderen zu überrumpeln. Es wäre aber schon einmal nicht versichert. Wie ich schon gezeigt habe, macht es keinen Sinn, jemanden dafür zu versichern, alle anderen zu berauben. Das Sicherheitsunternehmen wäre also auf sich alleine gestellt und hätte als Gegner alle anderen Unternehmen und die großen Versicherungskonzerne. Diese hätten die größten Kapitalreserven, weil sie auch bei größeren Schäden wie etwa bei Unwettern zahlen müssten.

Die Versicherungsbranche würde also vermutlich weltweit agieren, während Sicherheitskonzerne tendenziell regional organisiert wären. Was soll das böse Sicherheitsunternehmen, nennen wir es Darth, nun tun? Erstens müsste es seine Vorbereitungen heimlich treffen, denn keiner der Kunden wäre sicherlich bereit, einen Überfall auf alle anderen mitzufinanzieren. Sie wollen ja Schutz vor Überfällen und nicht etwa den doppelten Preis dafür zahlen, dass ihre Nachbarn überfallen werden.

Aber nehmen wir an, irgendeinem reichen Psychopathen gelingt es, eine Geheimarmee aufzustellen? Wo fängt er jetzt an? Er könnte die Zentrale eines Wettbewerbers besetzen. Und dann? Dort sitzt nur die Verwaltung. Die Sicherheitsleute sind auf ihre Kunden verteilt. Würden diese jetzt an Darth zahlen, nur weil er die Zentrale besetzt hat? Natürlich nicht. Darth müsste also jeden Monat zu jedem einzelnen

Kunden hingehen und das Geld abpressen, also tausende kleiner Schlachten gegen alle anderen Sicherheitsunternehmen führen. Dabei müsste es so geschickt vorgehen, dass tausende von Unternehmen, die die Straßen und die Gated Communities besitzen, überlistet werden. Sie müssten ihre Panzer als Eiswägelchen tarnen, um überhaupt eine Straße benutzen zu können.

Er bekäme vermutlich gar keine Mitarbeiter für so einen irren Plan. Aber selbst wenn er ihnen den Plan zunächst verschweigt, irgendwann müsste er ja sagen, worum es geht. Die Mitarbeiter hätten also die Wahl, einen Konkurrenten (gegen Belohnung natürlich) zu warnen und dort zu arbeiten oder sich auf so ein Himmelfahrtskommando einzulassen. Alle Sicherheitsunternehmen gegen ihn, alle Versicherungskonzerne mit riesigen Kapitalreserven und alle normalen Bürger gegen sich.

Selbst wenn es der Psychopath geschafft hätte, sich mit zuvor ehrlicher Arbeit für den Kunden 50% Marktanteil zu erobern - sobald er seinen wahren Plan enthüllt, verlöre er alle Kunden und vermutlich die meisten Mitarbeiter auf einen Schlag. Die Mitarbeiter hatten ja bisher einen guten Job. Ab und zu mal einen Verbrecher fangen oder permanent Krieg führen, sind zwei völlig verschiedene Dinge.

Warum gibt es dann überhaupt Kriege? Nun, weil der Staat eben vollkommen anders funktioniert. Erstens sind die Bürger gezwungen, seine Abenteuer zu finanzieren. Aber das ist noch nicht einmal das Wichtigste. Der Staat existiert eigentlich gar nicht. Er ist nur eine besonders hartnäckige Illusion, die von den Hohepriestern des Staates, den „Intellektuellen“, also den staatlich ausgebildeten Lügnern, aufrechterhalten wird. In Deutschland gibt es weniger als 300.000 Polizisten. Würden die Leute von heute auf morgen aufhören, Steuern zu zahlen, könnten diese niemals eingetrieben werden. Die

Leute zahlen nur, weil sie denken, sie müssten für Leistungen bezahlen, die sie gar nicht bestellt haben.

Aber in einer PRG gäbe es ja außer ein paar Spinnern niemanden mehr, der an ein solch hanebüchenes Konzept glauben würde. Nicht nur, dass private Schulen den Kindern natürlich erklären würden, dass niemand das Recht hat, über andere zu herrschen, beziehungsweise, dass der Richter nicht Teil des Konflikts sein darf. Das kapiert ja ein Fünfjähriger, der nach seinen Eltern schreit, wenn er in Konflikt mit seinem Bruder oder seinem Kumpel gerät.

Es ist hauptsächlich die tägliche Erfahrung, die den Menschen diesen Aberglauben austreiben würde, man müsste auch für Leistungen bezahlen, die man nicht bestellt hat. Selbst wenn sich also jemand Atomwaffen besorgen und alle damit bedrohen würde: Jeder wüsste, dass er der Böse ist. Niemand wäre dagegen, wenn dieser einfach beseitigt würde. Dazu gleich mehr.

Was wäre, wenn sich die größten Unternehmen zusammenschließen und einen Staat errichten? Nun, dann würden alle Kunden eben zu einem bislang kleineren oder völlig neuen Konkurrenten gehen. Die meisten Mitarbeiter der vormaligen Marktführer wären auch sofort weg, denn sie wären dann ja genauso versklavt. Bisher waren sie automatisch - praktisch kostenlos - durch ihr eigenes Sicherheitsunternehmen und dessen Versicherung geschützt. Sie konnten sich ihren Arbeitgeber und die Arbeitsbedingungen aussuchen.

Nach Errichtung eines Staates müssten sie selber einen Teil ihres Einkommens als Steuern abgeben und müssten natürlich auch beim Einkauf ihrer Waren plötzlich die Steuern der Unternehmen und deren Mitarbeiter bezahlen. Bisher haben sie ihre Kunden geschützt. Jetzt müssten sie für den Monopolisten ihre vormaligen Kunden überwachen, belästigen und drangsalieren für „Verbrechen“ ohne Opfer und damit sie ihre Steuern bezahlen für Leistungen, die sie nicht bestellt haben. Und das, obwohl die Sicherheitsmitarbeiter selber erlebt haben, dass es auch anders geht.

Glauben Sie ernsthaft, irgendjemand, der einmal eine PRG erlebt hat, würde plötzlich akzeptieren, dass fortan seine Raten einseitig vom Monopolisten festgesetzt werden, nachdem er jahrelang selber entschieden hat, wie viel er an wen zahlt?

Das ist eine völlig irrwitzige Vorstellung, auf die man nur kommen kann, wenn man in einem Staat aufgewachsen ist. Oder würden Sie akzeptieren, dass sich ab morgen alle Autohersteller zusammenschließen und Sie zwingen würden, die Autos gegen einen Anteil von 70% an ihrem Gehalt zu kaufen?

Verteidigung in einer Privatrechtsordnung

Es sollte jetzt klar sein, dass es so gut wie unmöglich ist, in einer Privatrechtsordnung wieder einen Staat zu installieren. Verbrechen wären regionale Phänomene, die man vor Ort bekämpfen würde. Massenvernichtungswaffen wären dafür völlig ungeeignet und daher auch viel zu teuer. Da Staaten aber gerne Krieg führen, hätten sie noch Massenvernichtungswaffen. Wie würden private Sicherheitsunternehmen darauf reagieren?

Dazu muss man verstehen, dass Staaten natürlich auch in dieser Frage sehr ineffizient sind. Sie leben von geraubtem Geld und beschaffen sich daher Waffen, die in Wirklichkeit gar nichts bringen. Das Geld schiebt sich der militärisch-industrielle Komplex ein. Das Gebiet einer Privatrechtsordnung zu erobern, ist so gut wie unmöglich, da ja die Bürger potenziell bewaffnet wären. Die USA schaffen es ja nicht mal, Afghanistan dauerhaft zu erobern, und die kämpfen quasi mit Steinschleudern gegen die größte Militärmacht der Welt. Zwar gäbe es sicherlich Gated Communities, in denen zum Beispiel alle zustimmen würden, keine Waffen zu tragen, diese wären aber dann von bewaffneten Profis geschützt. Ein staatlicher Gegner trifft also entweder auf Profis oder auf bewaffnete Normalbürger.

Private Versicherungen würden von ihren Kunden auch verlangen, in Staaten keine Verbrechen zu begehen, also zum Beispiel mit Drogen zu handeln, denn das könnte von Staaten als Vorwand genommen werden, um einzumarschieren. Man würde solche Leute ausliefern. Menschen, die sich nicht versichern und in einem Staat mit Drogen handeln, würde man sowieso ausliefern. Niemand schützt sie ja.

Es gäbe also keinen plausiblen Grund für andere Staaten, eine PRG zu überfallen. Bekannte Staatsbedienstete hätten sicherlich auch keinen Zutritt in einer PRG. Private Versicherungen würden es ausschließen, jemanden zu versichern, der solche Leute zu sich nach Hause einlädt. Sie würden zu Recht als Terroristen angesehen werden.

Aber nehmen wir einfach an, ein Staat hätte durch geschickte Propaganda seine Bevölkerung hinter sich gebracht. Private Sicherheitsunternehmen würden sich dann auf den eigentlichen Aggressor fokussieren, nicht auf die Bevölkerung, die ja als potenzielle Kundschaft gesehen würde. Sie würden also dem Führer der aggressiven Nation über geheime Kanäle zu verstehen geben, dass sie ihn umbringen würden, sollte er einen Angriffskrieg vorbereiten. Das wäre natürlich moralisch genauso zu rechtfertigen, wie jemanden zu erschießen, der mit einer Waffe droht, eine Frau zu vergewaltigen, aber die moralische Frage stellt sich hier gar nicht, sondern die ökonomische. Die Umsätze der privaten Sicherheitsfirmen sind schließlich in Gefahr.

Dem Führer der benachbarten Nation könnten sie folgendes Angebot unterbreiten:

Du kannst deinen Staat in eine PRG umwandeln und bekommst dafür eine gut dotierten Aufsichtsratsposten in einem unserer Unternehmen.

Du machst so weiter und wir nieten Dich um.

Du verwandelst Deinen Staat nicht in eine PRG, bleibst aber friedlich und kannst zumindest weiterhin Deine eigenen Untertanen ausbeuten.

Wofür würden Sie sich entscheiden? Nehmen wir an, der erste schlägt die Warnungen in den Wind. Man würde ihn beseitigen, aber nicht so, dass es offensichtlich wäre. Er würde einfach sterben, so wie auch heute ständig Menschen frühzeitig versterben, die dem System zu gefährlich geworden sind. Bedenken Sie: Private Firmen wären extrem effizient. Wenn die CIA Leute einfach so beseitigen kann[66], kann es ein privates Sicherheitsunternehmen erst recht. Es hätte aber nicht wie in einer PRG die Sicherheitsunternehmen der unschuldigen Bürger gegen sich.

Dem nächsten Führer würde man ebenso auf verschlüsseltem Wege erklären, dass man seinen Vorgänger beseitigt hat. Wie viele Führer glauben Sie, müsste man umlegen, bevor einer von ihnen davon absieht einzumarschieren?

Dabei sollten Sie erkennen, dass auch heute schon zahlreiche Staaten existieren, die fast wie eine Privatrechtsordnung organisiert sind, sehr niedrige Streuern haben und in die noch niemand einmarschiert ist. Beispiele wären die Fürstentümer Liechtenstein und Monaco. Man braucht schon einen guten Grund, um seine Bevölkerungen davon zu überzeugen, ein unschuldiges Nachbargebiet zu überfallen. Wahrscheinlich würden sogar dem jeweiligen Führer des Landes nahestehende Personen einen aggressiven Präsidenten beseitigen. Spätestens dann nämlich, wenn sich dieser in einem Bunker versteckt und die privaten Sicherheitsunternehmen anfangen würden, diejenigen Kreise um den Präsidenten herum zu beseitigen, die nicht mit im Bunker sitzen.

Sie müssen immer bedenken, dass dies die ökonomisch sinnvollste Vorgehensweise ist. Wenn Sie das einmal verstanden haben, begreifen Sie auch, dass die meisten Kriege von Kräften in Gang gesetzt werden, die auf beiden Seiten agieren. Wenn Sie sich beispielsweise einmal näher mit der deutschen Geschichte beschäftigen und nicht die offiziellen Märchenbücher dazu lesen, werden Sie zum Beispiel feststellen, dass man Hitler viel früher hätte umbringen können.

Der deutsche Widerstand wurde aber immer wieder von den Alliierten verraten. Ganz einfach, weil dieser Krieg von den einflussreichen Kreisen gewollt war und Hitler den perfekten Dämon abgab, um die Weltöffentlichkeit von der Notwendigkeit eines Krieges überzeugen zu können. In Wirklichkeit ging es hauptsächlich um die Zerstörung Deutschlands als Konkurrent auf den Weltmärkten, aber das ist ein Thema für ein anderes Buch. Im Falle von Saddam Hussein und Muammar al-Gaddafi wollte man diese beiden tot sehen, und, siehe da, man hat es auch geschafft.
Was man in Deutschland schließlich zerstört hatte, war das Militär und den Glauben des Volkes an sich selbst, aber nicht den Glauben an den Staat. Der wurde sogar ausgebaut und so konnte ein Marionettenregime errichtet werden, das dem Volk vorgegaukelt hat, es wäre für sie da. In einer PRG gibt es aber keinen Glauben an Herrschaft mehr, sondern nur das Vertrauen in den besten freiwillig bezahlten Dienstleister.

Einwanderung ohne Grenzen

Einwanderung ist heute das größte Sicherheitsrisiko. Allerdings war dies schon vor der Flüchtlingskrise so. Nach den offiziellen Statistiken[67] sind Ausländer im Schnitt dreimal so kriminell wie Passdeutsche. Das liegt allerdings daran, dass dort auch harmlose Delikte wie Umweltstraftaten erfasst sind. Bei den relevanten Verbrechen wie Mord und Totschlag, gefährlicher und schwerer Körperverletzung, Vergewaltigung und sexueller Nötigung, Diebstahl unter erschwerenden Umständen und räuberischem Angriff auf Kraftfahrer sind Ausländer viermal so kriminell, wie es ihrem Anteil an der Bevölkerung entspricht.

In der Statistik wird aber der Migrationshintergrund nicht erfasst. Studien zeigen, dass Einwanderer der zweiten Generation[68] sogar krimineller sind als ihre Eltern. Eine vorsichtige Annahme wäre also, dass Menschen mit Migrationshintergrund genauso kriminell sind wie ihre Eltern. Dann ergibt sich folgendes Bild. Inzwischen hat jeder fünfte Deutsche einen Migrationshintergrund[69]. Jeder zehnte ist ein Ausländer. Dreisatz: Unter 100 Menschen begehen 20 mit Migrationshintergrund je vier Verbrechen, zehn Ausländer je vier und 70 Biodeutsche je eines. Das bedeutet, dass Ausländer und solche mit Migrationshintergrund bereits knapp zwei Drittel (63%) der Verbrechen begehen. Da Einwanderer der zweiten Generation krimineller sind, dürfte die Zahl sogar noch höher liegen.

Der frühere Berliner Innensenator Thilo Sarrazin hat zu Protokoll gegeben[70], dass mittlerweile 80 Prozent der Essensausgaben im Berliner Jugendknast halal, also moslemisch wären. Da nicht alle Muslime streng gläubig und nicht alle Ausländer Muslime sind, müssten also mehr als 80 Prozent der Insassen Migrationshintergrund haben. Nun könnten Sie behaupten, Sarrazin übertreibt, weil er ja bekanntermaßen Einwanderungskritiker ist.

Aber auch unverdächtige Quellen bestätigen dieses Bild. So zitiert der Focus[71] am 18. November 2013 den Berliner Oberstaatsanwalt:

80 Prozent der Berliner Intensivtäter haben einen Migrationshintergrund. Die meisten von ihnen – 43 Prozent – sind arabischer Herkunft, 32 Prozent stammen aus der Türkei.

Das sind islamische Länder, also dürfte die Aussage von Sarrazin stimmen. In den meisten europäischen Ländern wird der Migrationshintergrund nicht erhoben, aber andere Aussagen aus dem Justizapparat ergeben ein ähnliches Bild.

Der Focus[72] lässt uns am 29. Mai 2017 wissen, dass Hessens Justizministerin besorgt sei, weil in Gefängnissen immer weniger Insassen deutsch sprechen:

In Hessen spricht nach Angaben von Landesjustizministerin Eva Kühne-Hörmann (CDU) etwa jeder zweite Gefangene nur unzureichend Deutsch. In der Justizvollzugsanstalt Wiesbaden sind es sogar 75 Prozent, wie die „Bild"-Zeitung berichtet.

Wenn man davon ausgeht, dass es auch Kriminelle mit Migrationshintergrund gibt, die deutsch sprechen, kann man sich ungefähr vorstellen, was los ist.

Ähnlich sieht es im Nachbarland Österreich aus: So schrieb der englische Express[73] am 9. Dezember 2016:

Ein Mitarbeiter in Wiens größtem Justizbezirk, der nicht namentlich genannt werden will sagte:

„Die Zahl der ‚echten' Österreicher, die wegen Vergewaltigung [verurteilt] werden, ist vernachlässigbar. Es gibt massive Probleme mit anderen Kulturen."

Ähnlicher Befund in Schweden. Das Gatestone-Institut[74] berichtet am 14. Februar 2015:

1975 hat das schwedische Parlament einstimmig beschlossen, das vormals homogene Schweden in ein multikulturelles Land umzuwandeln. 40 Jahre später zeigen sich die dramatischen Folgen dieses Experiments: Die Zahl der Gewaltverbrechen ist um 300 Prozent gestiegen. Schaut man auf die Zahl der Vergewaltigungen, ist der Anstieg sogar noch gravierender. 1975 wurden bei der Polizei 421 Vergewaltigungen angezeigt, 2014 waren es 6.620. Das ist eine Zunahme um 1.472 Prozent.

Schweden liegt nun weltweit auf Platz zwei, was die Zahl der Vergewaltigungen in Relation zur Größe der Bevölkerung betrifft. Laut einer Studie von 2010 wird Schweden mit 53,2 Vergewaltigungen pro 100.000 Einwohner nur von dem winzigen Lesotho im südlichen Afrika mit 91,6 Vergewaltigungen pro 100.000 Einwohner übertroffen ...

Seit 2000 gab es in Schweden nur eine Studie über die Kriminalität von Einwanderern. Sie wurde 2006 von Ann-Christine Hjelm von der Universität Karlstads durchgeführt. Es stellte sich heraus, dass im Jahr 2002 85 Prozent derjenigen, die vom Svea Hovrätt, einem Berufungsgericht, zu mindestens zwei Jahren Gefängnis wegen Vergewaltigung verurteilt worden waren, im Ausland geboren oder Einwanderer der zweiten Generation waren.

Ein 1996 veröffentlichter Bericht des Schwedischen Nationalrats zur Verbrechensprävention kam zu dem Schluss, dass Einwanderer aus Nordafrika (Algerien, Libyen, Marokko und Tunesien) mit einer 23-mal so hohen Wahrscheinlichkeit eine Vergewaltigung verüben wie schwedische Männer. Die Zahlen für Männer aus dem Irak, Bulgarien und Rumänien lagen bei 20, 18 und 18. Männer aus dem übrigen Afrika waren 16-mal, Männer aus dem Iran, Peru, Ecuador und Bolivien zehnmal so anfällig, Vergewaltigungen zu begehen wie Schweden.

Im norwegischen Oslo[75] wurden in den Jahren 2006 bis 2010 laut einer Studie von 2011 gar 100 Prozent aller Vergewaltigungen durch Täter mit Migrationshintergrund begangen!

Das sind alles Zahlen aus der Zeit vor der „Einwanderungskrise". Die sogenannten „Flüchtlinge" sind noch wesentlich krimineller. Obwohl es in keinem einzigen Mainstreammedium berichtet wurde[76], kann man aus dem BKA-Bericht für 2016[77] herauslesen, dass Asylbewerber bei Gewalttaten und Sexualverbrechen fünfzehn mal, also 1.400 Prozent und bei Gruppenvergewaltigungen sogar 42,6 mal krimineller waren als Passdeutsche. Würde man nur mit Deutschen ohne Migrationshintergrund vergleichen, wären die Zahlen noch viel höher. Aber schon ein Faktor von 15 bedeutet, dass bei gleicher Verteilung zwischen Asylbewerbern und Menschen mit deutschem Pass 93,4 Prozent aller Gewaltverbrechen von Asylanten begangen würden!

Gerade von Patrioten wird häufig der Einwand vorgebracht, ohne Staat könne sich eine Volksgemeinschaft nicht vor gefährlicher Einwanderung schützen. Nichts könnte falscher sein. Zunächst einmal zur Einwanderung aus logisch-libertärer Sicht. Ich benutze dieses Wort, weil es doch tatsächlich Leute gibt, die sich libertär nennen und gleichzeitig für offene Grenzen sind. Das sind die sogenannten Liberalalas, Scheinlibertäre oder „Stupids for Liberty", wie es Hans-Hermann Hoppe einmal witzig auf den Punkt gebracht hat. Libertär ist kein geschützter Begriff. Jeder kann sich so nennen, auch wenn er keinerlei Ahnung von Logik hat.

Offene Grenzen für Waren und offene Grenzen für Menschen schließen sich denklogisch aus. Freier Handel beruht auf dem freiwilligen Vertrag zwischen zwei Menschen. Diesen zu unterbinden, ist eine Einschränkung seines Eigentumsrechtes, das dadurch zustande kommt, dass sich der Gewaltmonopolist als ultimativer Richter anmaßt, selbst zu entscheiden, was für seine Untertanen gut ist.

Unkontrollierte Masseneinwanderung ist ebenso eine Einschränkung des Eigentumsrechtes seiner Bürger. In einer PRG könnte jemand nur das Eigentum seiner Bewohner betreten, wenn ihn jemand eingeladen hat. In einem Staat sind aber die Straßen öffentlich, in erster Linie, weil der Staat freien Zugang zu seinen Untertanen haben will, um die Steuern eintreiben zu können.

Der Untertan ist damit gleich auf mehrfache Weise in seinem Eigentumsrecht eingeschränkt: Erstens hat er nicht die Möglichkeit, kriminelle Subjekte von sich fernzuhalten, weil auch er die öffentlichen Straßen benutzen muss. Zweitens muss er über Steuern für die Strafverfolgung dieser kriminellen Subjekte bezahlen. Drittens - und in einem Wohlfahrtsstaat wie Deutschland besonders verheerend - muss er für die nicht eingeladenen „Gäste“ auch noch die Transferleistungen bezahlen.

Die Lösung in einem Staat kann also nur lauten, dass ausschließlich Menschen reingelassen werden, die eine Einladung haben. Diese kann von einem Unternehmen ausgesprochen werden, das Mitarbeiter anwerben will, von Touristikunternehmen, die Geschäft machen wollen, von Vermietern und Verkäufern von Häusern oder von privaten Hilfsorganisationen. Die Einladenden müssten selbstverständlich für die Gäste haften, was dazu führt, dass diese sich genau anschauen, wer da kommt. Eine Inanspruchnahme des Wohlfahrtsstaates wäre natürlich ebenso unmöglich.

Wie viel der problematischen Migration hätten wir dann noch? Ziemlich exakt null.

Immigration ohne Einladung eines konkreten Menschen ist immer erzwungene Migration, also das genaue Gegenteil einer freiwilligen Transaktion. Daher schließen sich freier Handel und freie Migration gegenseitig aus.

Damit wird auch deutlich, wie das in einer PRG laufen würde: Es gäbe keine Massenmigration von Schmarotzern und Kriminellen, sondern es würden nur Menschen kommen, die von jemanden eingeladen wurden. Private Sicherheitsunternehmen hätten auch sehr genaue Daten darüber vorliegen, wie gefährlich im Schnitt eine bestimmte Bevölkerungsgruppe ist. Diese würden besonders argwöhnisch betrachtet, aber dazu gleich mehr.

Wie sähe also das Gebiet des heutigen Deutschland aus, wenn es nach dem Krieg in eine Privatrechtsordnung verwandelt worden wäre? Viel deutscher als heute. Allerdings nicht zwingend in einem ethnischen Sinne. Eine PRG würde natürlich produktive Menschen aus aller Herren Länder anziehen. Gäbe es allerdings weltweit eine PRG, gäbe es auch keinen Grund zu migrieren, weil die Verhältnisse dann ja überall besser wären. Die meisten Menschen würden gerne in ihrer Heimat bleiben, wenn dort die Rahmenbedingungen gut sind.

In einer PRG gäbe es keine Gesetze gegen Diskriminierung, also könnten sich Unternehmen auch entscheiden, nur ethnisch Deutsche einzustellen, aber es wäre höchst unwahrscheinlich, dass dies massenhaft passieren würde. Aber das Gebiet wäre in einem kulturellen Sinne viel deutscher. Kriminelle hätten geringe Chancen, weil sie effektiver verfolgt würden und vermutlich spätestens nach der dritten kleineren Straftat über der Wüste Gobi mit dem Fallschirm abgeworfen würden oder bei schlimmeren Vergehen für immer weggesperrt würden.

Es kämen nur Menschen, die produktiv sind und die Gesellschaft so weiter bringen. Diese hätten Werte wie Pünktlichkeit, Fleiß, Verlässlichkeit, Ehrlichkeit, Qualitätsbewusstsein, Organisationsgeschick, Ordnungsliebe, Erfindungsreichtum und Ähnliches, also genau jene Werte, die man als typisch deutsch bezeichnen könnte. Nur eine Eigenschaft, die den Deutschen auch nachgesagt wird, würde fehlen: Obrigkeitshörigkeit. Da die Obrigkeit fehlt, würde diese unangenehme Eigenschaft der Deutschen gleich in einem Aufwasch mit ausgemerzt.

Ich glaube allerdings, dass die Obrigkeitshörigkeit zwei anderen Eigenschaften der Deutschen geschuldet ist: Ordnungsliebe und Ehrlichkeit. Die Ehrlichkeit verführt die Deutschen dazu, der Herrscherklasse alles zu glauben. Es ist experimentell beweisbar, dass Menschen im Anderen die Eigenschaften vermuten, die sie selber haben (Projektionstheorie). Das ist auch ein großes Problem bei der sogenannten Flüchtlingskrise. Die Deutschen können sich nicht vorstellen, dass es Kulturen mit einem viel höheren Maß an Gewalt und Frauenverachtung gibt, obwohl das statistisch leicht nachweisbar ist. Der Deutsche ist also weniger obrigkeitshörig als obrigkeitsgläubig. Es gab auch immer wieder Freiheitskämpfe in Deutschland, dann nämlich, wenn selbst den Deutschen die Lügen der Herrschenden aufgefallen sind.

Aufgrund seiner Obrigkeitsgläubigkeit denkt der Deutsche auch, dass er die relativ gute Ordnung in Deutschland dem Staat verdankt. Da er die Ordnung liebt, findet er auch den Staat toll. Dabei würde ein Blick in fast alle anderen Staaten genügen, um zu sehen, dass dort nichts so ordentlich ist wie in Deutschland. Allerdings hat dank der Masseneinwanderung längst auch in Deutschland die Balkanisierung eingesetzt. In Wirklichkeit ist (war) es in Deutschland so ordentlich, weil die Menschen dort ordentlich sind (waren). Deutsche könnten also eine Privatrechtsordnung am schnellsten umsetzen und sie würde am besten funktionieren. Ich bin auch ganz sicher, dass in einer weltweiten PRG deutsche Versicherer und Sicherheitsunternehmen schnell führend wären.

Das gilt umso mehr, da es in einer PRG auch eine freie Geschichtsforschung gäbe und die Wahrheit über die deutsche Geschichte ans Tageslicht kommen würde. Dann könnte die Welt tatsächlich am deutschen Wesen genesen, aber nicht durch Zwang und Eroberung, sondern durch Leistung und Vorbildfunktion.

Im Übrigen gäbe es in einer solchen Welt schon Grenzen. Solange es noch keine weltweite Privatrechtsordnung gibt, würden die anderen Staaten nicht nur ihre Grenzen bewachen, sondern vermutlich sehr schnell Mauern hoch ziehen, weil ihnen schnell ihre produktivsten Bürger abhandenkommen würden. Das war auch die Reaktion der DDR, aber selbst diese Mauern fielen irgendwann einmal, nur damals noch nicht zu Gunsten einer wirklich freiheitlichen Ordnung, weil eine solche noch nicht existierte.

Wie der Weg zu einer Privatrechtsordnung aussehen könnte, ist Thema eines anderen Buches. Aber so viel sei an dieser Stelle bereits verraten: Wir befinden uns schon mitten in einem evolutionären Prozess dorthin. Neue Technologien wie „Blockchains“ können heute schon Eigentumsrechte und Verträge dezentral beurkunden.

Private Städte oder Gated Communities erfüllen heute schon fast alle Aufgaben, die heute noch als „öffentlich“ angesehen werden. Es gibt dort Straßen, Krankenhäuser, Feuerwehr, Seen, Natur, Kindergärten, privaten Sicherheitsschutz und so weiter. Unnötig zu erwähnen, dass dort die Kriminalitätsraten ausnahmslos viel niedriger sind als in den Gebieten um sie herum. Die Bewohner müssten nur noch vereinbaren, sich bei Konflikten an einen neutralen Richter zu wenden, und schon wäre die Privatrechtsordnung perfekt. In meinem Auswandererprojekt Project Escape[78] ist eine entsprechende

Klausel bereits in den Verträgen enthalten.

Die Bewohner in diesen Städten dürften sich bald die Frage stellen, wofür sie überhaupt noch Steuern zahlen, vor allem dann, wenn der Staat immer repressiver wird.

Zur Einwanderung beachten Sie bitte auch die Arbeiten von Hans-Hermann Hoppe: „The Great Fiction“[79], „The Case for Free Trade and Restricted Immigration“[80] und „Der Staat und die Zuwanderung“[81].

Das Ende der No-Go-Areas

Es dürfte bereits klar geworden sein, dass die Kriminalitätsraten in einer PRG drastisch sinken. Wir wollen uns aber jetzt noch mit einem besonders schwierigen Fall beschäftigen, um deutlich zu machen, wie der Zivilisierungsprozess konkret vonstatten geht. Nehmen wir dazu an, ein Gebiet wie etwa Deutschland, Schweden oder Frankreich würde in eine PRG umgewandelt. Gegenden, die heute schon No-Go-Areas sind, würden natürlich anders reagieren als Gegenden, in denen sowieso eine niedrige Kriminalitätsrate herrscht.

Die Versicherungen würden für jedes Gebiet individuelle Versicherungsraten anbieten. In Gegenden mit hoher Kriminalität wäre die Versicherungsrate höher. Vergessen Sie dabei nicht, dass zumindest jeder, der arbeitet, sofort viel mehr Geld zur Verfügung hat. In zivilen Gegenden würde der Preis für Sicherheit von heute 80 in Richtung 25 Euro oder darunter rutschen, wie oben erläutert. Aber auch in den schlechten Gegenden wäre der Preis viel niedriger als ein Arbeiter heute an Steuern und Abgaben zahlt.

Dazu kurz ein Zahlenbeispiel aus meinem Buch „Die Vereinigten Staaten von Europa“:

Im doch recht übersichtlichen Stadtteil Schwabing in München wohnen 100.000 Menschen. Wenn jeder von ihnen 10 Euro monatlich für ein Sicherheitsunternehmen ausgibt, stünde eine Million Euro pro Monat zur Verfügung. Würde man den Sicherheitsleuten ein Gehalt von 2500 Euro für eine Tätigkeit zahlen, für die sie kein Studium benötigen und das sie brutto für netto bekämen, könnte man 400 Sicherheitsleute beschäftigen, die abwechselnd rund um die Uhr patroullieren.

Heute sieht man in Schwabing, wo ich wohne, kaum mal

einen Polizisten, außer er stellt Strafzettel fürs Falschparken aus, statt Verbrecher zu jagen. Das ist ein Vielfaches dessen, was heute für Ihre Sicherheit getan wird. Sie können also gern das Gehalt verdoppeln oder die Anzahl der Polizisten halbieren. Wenn dann auf jeden »Polizisten« noch ein »Justizmitarbeiter«, also die Anwälte und Schlichter kämen, was viel zu pessimistisch gerechnet ist, sind Sie immer noch bei 10 Euro. Das ist nichts. Daran sehen Sie schon, wie unglaublich ineffizient der Staat arbeitet. Unsere Justiz beschäftigt sich überwiegend gar nicht mit dem Schutz von Bürgern, sondern deren Verfolgung und Überwachung.

Selbst wenn in einer No-Go-Area also 800, 1.600 oder 3.200 Sicherheitsleute nötig wären, lägen wir immer noch locker unter 100 Euro pro Bürger. Aber zurück zur Versicherung: Auch in einer No-Go-Area sind die meisten Menschen nicht kriminell. Sie lassen sich von einer Minderheit terrorisieren, weil der Staat seinen Job nicht richtig macht. Wie wir gleich in dem Kapitel über die Mafia sehen werden, liegt das auch daran, dass sie den Staat unterwandert und Richter, Polizei, Politiker und Justizangestellte besticht.

In unserem Fall haben es die Kriminellen aber mit riesigen Versicherungskonzernen zu tun, für die eine einzelne No-Go-Area einen Posten in der Bilanz darstellt, der noch nicht einmal auffällt.

Zunächst einmal würden die Versicherungen genaue Statistiken darüber erarbeiten, wie die tatsächliche Struktur des Gebietes ist: Es würde die Anzahl der Migranten erfassen, deren Staatszugehörigkeit oder Migrationshintergrund, deren Religion und deren Hautfarbe und so weiter. Der Staat verschweigt so etwas heute aus politischen Gründen. Die Versicherung würde beispielsweise zum Eigentümer eines Wohnhauses sagen, dass sich die Prämie drastisch reduziert, wenn er alle Angehörigen einer Hochrisikogruppe rausschmeißt. Das würde der Eigentümer vermutlich unauffällig tun, wenn er nicht sofort Ärger heraufbeschwören will. Alleine dadurch setzt ein Zivilisierungsprozess ein. Angehörige einer Risikogruppe müssten auch höhere Prämien zahlen, so wie bislang junge männliche Fahranfänger höhere Prämien zahlen mussten.

Aber auch bei Versicherungsprämien hat der Staat inzwischen eingegriffen. Der Europäische Gerichtshof hat[82] geschlechterspezifische Verträge verboten, obwohl Frauen nun mal weniger Unfälle bauen und länger leben. Für Männer bedeutet dies zum Beispiel, dass Riester-Verträge dadurch unattraktiv werden. Es ist grotesk. Aber ebenso wie die Prämie für einen Fahranfänger sinkt, wenn er sich bewährt, würde die Prämie für jemanden sinken, der einer Hochrisikogruppe in Bezug auf Verbrechen angehört, aber unbescholten bleibt.

Obwohl in einer PRG Diskriminierung nicht „verboten" ist, wären Versicherungen in einer gewissen Weise blind gegenüber Ideologien. Wenn beispielsweise diejenigen recht hätten, die behaupten, dass der Islam so eine friedliche Religion ist, wären die Prämien für Muslime sogar niedriger. Wenn Sie also jemals mit einem Islam-Apologeten sprechen, könnten Sie ihm mit diesem Argument eine PRG schmackhaft machen.

Sie sollten ihm aber dann verschweigen, dass keine Versicherung der Welt die Regeln der Scharia akzeptieren würde. Frauen sind dort beispielsweise als Zeugen nur die Hälfte wert. Da die Hälfte der Kunden weiblich ist, würde diese Regel schon einmal ganz sicher nicht angeboten, von vielen anderen ganz zu schweigen. Auch ist im Islam ausdrücklich ein Eroberungsauftrag enthalten. Lesen Sie hierzu das Buch „Mohammeds Geschichte entschleiert den Islam"[83] von Harry Richardson. Er bezieht sich ausschließlich auf offizielle Quellen aus den heiligen Schriften des Islam.

Im Koran wird mehrfach explizit dazu aufgerufen, Ungläubige zu töten. Es wird sogar in den Schriften empfohlen, zum Schein mit Ungläubigen Bündnisse abzuschließen, sich ihr Vertrauen zu erschleichen und sie dann umzubringen. Täuschung[84] wird ausdrücklich als Mittel der Eroberung vorgeschlagen. Das wird in unseren staatlichen Universitäten und Massenmedien komplett verschwiegen, aber eine private Sicherheitsfirma wüsste das natürlich. Sie müssen bedenken, dass alle Muslime dazu aufgerufen sind, die heiligen Schriften auswendig zu lernen. Diejenigen, die das tun, kennen also den Plan, aber hat Ihnen je ein Moslem davon erzählt?

Natürlich sind die meisten Muslime nicht so radikal, aber das Risiko ist beträchtlich höher als bei jemanden, der solche Anweisungen nicht im Gepäck trägt oder gar auswendig lernen muss. Private Unternehmen würden einen Moslem wohl nur versichern, wenn er freiwillig einer entsprechenden Überwachung und natürlich den Regeln der Versicherung zustimmt.

Da ein gläubiger Moslem aber seine Religion ausüben und beispielsweise die Frau verschleiern will (obwohl der Koran weder Kopftuch noch Hijab vorschreibt), würde er sich in so einer Umgebung gar nicht wohlfühlen. Außerdem ist es ihm unmöglich, die sogenannte Dschizya, eine Art Strafsteuer, von Ungläubigen zu verlangen. Heute dienen die Transferleistungen des Staates als Dschizya, so dass es für viele Muslime ganz natürlich ist, dass Ungläubige für sie schuften. Deswegen treten einige von Ihnen gegenüber den Behörden so unverschämt auf, dass selbst dort Zweifel aufkommen, ob diese Kultur mit der westlichen kompatibel ist.

Selbst eine gutmenschliche Flüchtlingshelferin gab der Welt[85] am 17. Januar 2016 zu Protokoll, dass viele Asylsuchende „extrem fordernd, unzuverlässig und aufdringlich“ wären. Das beschränkt sich allerdings nicht nur auf Muslime, aber die meisten illegalen Einwanderer kommen nun mal aus muslimischen Ländern. Afrikanischen Einwanderern wird wohl von linken Organisationen eingeredet, sie hätten wegen der Kolonialisierung ein Recht auf kostenlose Rundumversorgung. Jenen sei empfohlen[86], die Verhältnisse während der Kolonialzeit[87] mit denen von heute zu vergleichen.

Der Islam würde sich entweder komplett reformieren oder aus Gegenden mit einer Privatrechtsordnung verschwinden. Eine gewisse Chance auf Annäherung besteht sogar, weil die Scharia im Prinzip eine Privatrechtsordnung darstellt, in der respektierte Richter - Imame - Recht sprechen. Nur ist das Recht eben hoffnungslos veraltet. Die radikaleren Strömungen des Islam bestehen aber darauf, dass diese alten Regeln wörtlich umgesetzt werden. Dies gelingt vor allem in Staaten, wie man mittlerweile an 57 Beispielen[88] bewundern kann. Denn sobald sie dort die Spitze des Staates erklommen haben, üben diese radikalen Gruppen die Herrschaft aus. In westlichen Staaten wiederum haben inzwischen linksradikale Gruppen die Führung erobert und gehen nicht gegen die Ausbreitung des Islam vor, sondern fördern sie sogar, obwohl es dort keine Gleichstellung der Frau, Antisemitismus und offenen Schwulenhass gibt.

Es ist nicht unwahrscheinlich, dass sich ohne Staat selbst in islamischen Gebieten eine moderate Version durchsetzen würde, weil dann dieselben ökonomischen Gesetze greifen, die ich hier beschreibe. Aber auf jeden Fall würde in heute noch nicht mehrheitlich muslimischen Gegenden, sofort ein entsprechender Zivilisierungsprozess einsetzen. Die westlichen Staaten arbeiten derzeit aber mit Hochdruck daran, eine unumkehrbare Situation zu schaffen.

Zurück zur No-Go-Area: Nehmen wir an, eine Versicherte war bereit, ihre Prämie zu zahlen, und wird von einem Mitglied einer Gang vergewaltigt. In der Regel gehen Gang-Mitglieder dabei unvorsichtig vor, weil sie es bisher gewohnt waren, damit durchzukommen. Man wüsste also in unserem Beispiel genau, wer es war, und wüsste auch, dass er Mitglied einer Gang und vermutlich Serienverbrecher ist.

Die Versicherung könnte inkludieren, dass das Opfer des Verbrechens nun eine lebenslange Rente bekommt, die es ihr ermöglicht, aus der No-Go-Area wegzuziehen. Das kreiert kein großes Moral Hazard-Problem, etwa, dass viele Opfer jetzt Vergewaltigungen vortäuschen würden, denn immerhin wird der potenzielle Täter versuchen, sich vor Gericht zu verteidigen. Der Vertrag könnte auch schwere Bestrafungen bei Falschanschuldigungen enthalten.

Die Versicherung würde nun ein Spezialkommando beauftragen, das die Versicherte rausholt und den Täter dingfest macht. Dabei wird das Spezialkommando darauf achten, dass die Kollateralschäden möglichst gering sind. Die Profis wollen ja nicht anderen Versicherten oder potenziellen Kunden schaden. Die Gang-Mitglieder sind alle ohnehin nicht versichert, dort dürfte das Vorgehen grober sein.

Sobald das Gang-Mitglied in der Gewalt des Spezialkommandos ist, zieht es sich zurück. Er wird an einem ganz anderen Ort einem anonymen Richter vorgeführt. Heute erfahren Gang-Mitglieder den Namen des Richters, er ist meistens vor Ort und ungeschützt. Vergessen Sie nicht: Das Gang-Mitglied hat keine Versicherung, es muss die Bedingungen des Gerichtsunternehmens akzeptieren. Im Gegensatz zu bisher unbescholtenen Bürgern würde man so jemandem auch wenige Wahlmöglichkeiten lassen. Der Täter würde sehr lange Zeit weggesperrt, aber an einem unbekannten Ort.

Heute käme er zu seinen Kumpels in den Bau, der in der Regel auch schon durch die ortsansässigen Gangs kontrolliert wird. Man denke nur an den „Skandal“ bei der Berliner

Polizei. Nicht nur dass diese offensichtlich von Gang-Mitgliedern unterwandert[89] ist. Sogar Vorbestrafte bekamen vor einem staatlichen Gericht Recht, als sie gegen den Ausschluss vom Polizeidienst klagten[90]! Völlig undenkbar in einer PRG.

Wie könnten nun die Gangs reagieren, die sicher furchtbar zornig wären? Sie würden weder die Mitglieder des Spezialkommandos kennen, noch welcher Firma sie überhaupt angehörten. Sie würden - wenn überhaupt - nur wissen, wo das Opfer versichert war.

Was sollen sie tun? Einen riesigen Milliardenkonzern mit Sitz am anderen Ende der Welt stürmen? Viel Spaß! Sich bei der Presse beschweren, dass eines ihrer brutalen Gangmitglieder entführt wurde? Viel Erfolg!

Falls Sie an dieser Stelle immer noch die Angst beschleichen sollte, dass private Sicherheitsunternehmen so auch mit unbescholtenen Bürgern umgehen würden: eben nicht. Sie wären ja bei einem anderen großen Konzern versichert und das gäbe sicherlich einen Aufschrei in der Presse mit der Gefahr, alle Kunden zu verlieren. Aber kein normaler Bürger würde doch einen Hahn danach krähen, wenn es einen Schwerverbrecher weniger auf den Straßen gäbe.

Und es gäbe auch kein Motiv, einen unversicherten Normalbürger so zu behandeln. Natürlich kann man auch hier wieder irgendwelche Rettungsbootszenarien entwerfen, dass es hierbei irgendwie mal einen Unschuldigen erwischt. Aber das ist heute der Normalfall! Denken Sie nur an die Abertausenden an Verbrechensopfern von heute. Es gibt keine absolute Sicherheit für alles und jeden. Es kann immer nur darum gehen, die Risiken so weit wie möglich zu reduzieren.

Warum würde sich ein Konzern überhaupt um so eine No-Go-Area kümmern? Da sind wir wieder beim Thema der

Spezialisierung. Mit solchen Areas aufzuräumen ist ein riesiges Geschäft. Wer dabei erfolgreich ist, kann einen Löwenanteil der ehrlichen Bürger dort als Kunden gewinnen. Manche Versicherung oder manches Sicherheitsunternehmen wird sich eben darauf konzentrieren, vielleicht weil der Inhaber selber aus so einer Gegend kommt und ein spezielles Motiv dafür hat, auch anderen Opfern zu helfen. So funktioniert eben der Markt.

Zunächst würden sich die Unternehmen sicherlich auf die einfachen Gebiete konzentrieren, ähnlich wie heute private Städte oder Gated Communities eher für die gut Situierten gebaut werden. Aber irgendwann konzentriert sich eben ein Unternehmen auf diesen Markt, erst recht wenn die leichten Gegenden schon weitgehend erschlossen sind. Das lässt sich überall beobachten, auch im Städtebau. Sobald einige Unternehmen sich entschlossen haben, in ein bestimmtes Gebiet zu investieren, ziehen andere nach und die besseren Gebäude breiten sich aus.

Richtig reich wird man mit der Masse der Kunden, daher gehören die Aldi-Brüder zu den reichsten Deutschen. Selbst wenn also zunächst die reicheren Kunden anvisiert werden, lange kann es nicht dauern, bis die Vorteile der PRG bei der Masse ankommen.

Vermutlich würde es so aussehen: Sobald ein Unternehmen in einer No-Go-Area aufgeräumt hat, wird es in den anderen No-Go-Areas viel einfacher. Das Unternehmen könnte hingehen und zu den Gangs der anderen Areas sagen: Seht, wir haben die Gegend XY aufgeräumt. Ihr habt 24 Stunden, die Gegend zu verlassen oder ehrlich zu werden und euch zu versichern. Diese Versicherung wäre natürlich teuer. Aber es liegt in der Natur von Gangs, dass dort viele aus Selbstschutz mitmachen und lieber ehrlich wären. Ihnen könnte man, wie weiter oben erläutert, eine zweite Chance geben, allerdings mit entsprechenden Sicherheitsmaßnahmen. Wenn sich jemand bewährt, sinken die Prämien, ähnlich wie bei Fahranfängern im Zeitablauf.

Selbst wenn Sie obiges Szenario für unrealistisch halten: Sie müssen wieder den Unterschied zum Staat sehen. Die Polizei zieht sich aus den No-Go-Areas zurück, weil es nichts zu gewinnen gibt. Zieht sie sich zurück, tauchen die dort begangenen Verbrechen in keiner Statistik auf. Deshalb leugnet der Staat fast überall, dass es solche Gegenden überhaupt gibt. Aber Sie müssen ja nur unter dem Stichwort „No-Go-Areas" in der Mainstreampresse nachlesen. Sie breiten sich rasend schnell aus. Das ist ein nicht mehr zu leugnender Fakt. Traut sich die Polizei mal in eine solche Gegend, landen ganz schnell die Polizisten vor einem staatlichen Gericht, das aus ideologischen Gründen oder weil es Angst vor den Gangs hat, die Polizisten härter anfasst als die Verbrecher.

In einer PRG wäre es aus ökonomischen Gründen genau umgekehrt: Die „Go-Areas", also die zivilisierten Gegenden, breiten sich aus. Auch hier kann ich Ihnen nur empfehlen, einen Polizisten zu befragen. Er wird Ihnen meine Ausführungen bestätigen.

Das Ende der Mafia

Eines der größten Probleme in jedem Staat ist natürlich die Mafia. Diese würde aus vielen Gründen einfach verschwinden. Was sind die Hauptgeschäftsfelder der Mafia? Prostitution, Glücksspiel, Drogen, Geldwäsche und Schutzgelderpressung. Die ersten vier Geschäfte wären in einer PRG legal, also bliebe die Schutzgelderpressung. Damit würde die Mafia zu einem ganz normalen Konkurrenten der anderen Sicherheitsunternehmen, allerdings mit erheblichen Nachteilen.

Zunächst einmal muss man verstehen, dass die Mafia ohne den Staat gar nicht existieren kann. Würde der Staat bestimmte Geschäfte nicht verbieten, wären es ganz normale Geschäftsfelder. Aber es geht noch viel tiefer als das. Im Gegensatz zu Dieben und Mördern braucht die Mafia für Ihre Hauptgeschäfte Kunden, die die Leistung abnehmen. Das bedeutet aber auch, dass es sehr leicht ist, das Geschäft auffliegen zu lassen.

Ebenso wie zur Prohibition jeder wusste, in welchen Lokalen Alkohol ausgeschenkt wurde, kann heute jeder in jedem Land zu jeder Zeit in einen beliebigen Club gehen, nach Drogen fragen und er bekommt welche. Ein Polizist muss nur dasselbe tun, den Händler zu seinem Zwischenhändler verfolgen und den bis letztendlich zum Boss. Ein Zehnjähriger könnte das.

Daraus folgt logisch, dass die Mafia die Justiz in der Hand haben muss, und da es ein Monopol ist, muss sie letztlich nur eine Stelle kaufen. Die historischen Tatsachen belegen das. Bevor die „Cosa Nostra“ in Amerika aufflog, hatte FBI-Chef Hoover kategorisch geleugnet[91], dass es eine Mafia gäbe. Hoover war im Übrigen Freimaurer[92]. Im Kapitel über die Macht der Logen werden Sie erkennen, dass dies nicht überraschend ist. Der Zufall wollte es, dass ein Streifenpolizist auf ein Treffen der feinen Gesellschaft aufmerksam wurde. Nachdem die lokale Polizei das Nest ausgehoben hatte, stellte sich heraus, dass die Mafia Politiker, Richter und Polizei bestochen hatte. Denn genau das muss ihr Geschäftsmodell sein.

Jeder wusste beispielsweise, dass Al Capone ein Mafiaboss ist, was für die Politik zunehmend zum Problem wurde. Dass er letztendlich wegen Steuerhinterziehung drangekriegt wurde, dürfte daran liegen, dass man ihn so aus dem Verkehr ziehen konnte, ohne dass auch noch gleich alle seine Kollaborateure in Polizei und Justiz aufflogen. Die strengen Drogengesetze dienen im Wesentlichen dazu, private Konkurrenz aus dem Markt zu halten.

Der Staat selbst, in den USA namentlich der Geheimdienst CIA, ist der größte Drogenschmuggler. Selbst die New York Times[93] schrieb am 3. Dezember 1993, dass die CIA seit ihrer Gründung in den Drogenhandel verwickelt ist. Pulitzer-Preisträger Gary Webb schrieb in Büchern und Artikeln darüber. Er soll sich 2004 selbst umgebracht haben, mit zwei Schüssen in den Kopf! Es ist offensichtlich, dass er umgebracht wurde, und der Gewaltmonopolist deckt diesen Mord natürlich, weil er der Verbrecher, also selbst am Konflikt beteiligt ist.

In einer PRG müsste die Mafia sämtliche Versicherungen und Gerichtsunternehmen in der Hand haben. Wie eine solche - ohnehin praktisch nicht durchführbare - Korruption im Einzelfall zu verhindern ist, habe ich schon beschrieben. Der Mafia bliebe ohnehin nur noch das Feld der Schutzgelderpressung. Aber auch hier besteht für die Mafia das Problem, dass dies ein besonders leicht zu verfolgendes Verbrechen ist. Der Mafioso muss ja das Schutzgeld eintreiben und in dem Moment würde ihn schon ein Spezialkommando erwarten, das von der freiwillig bestellten Schutzorganisation geschickt wird.

Ich möchte Ihnen an dieser Stelle noch einmal die ökonomischen Zusammenhänge vor Auge führen, die so ähnlich auch für die No-Go-Areas gelten. Nehmen wir an, die Mafia würde ein Gebiet von der Größe Schwabings kontrollieren. Ein Sicherheitsunternehmen beginnt, sich für das Gebiet zu interessieren, und erstellt eine Marktanalyse. Es kommt beispielsweise zu dem Schluss, dass es - wie im Beispiel oben - etwa zehn Euro pro Monat pro Bürger kosten würde, die Ordnung zu bewahren, sobald das Gebiet von der Mafia, Gangs und Gewohnheitsverbrechern gesäubert ist.

Das Unternehmen evaluiert, was es den Bewohnern wohl wert wäre, die Mafia loszuwerden. Ich nehme an, Sie stimmen mir zu, dass 100 Euro pro Monat pro Bürger kein zu großer Preis dafür wäre. Natürlich muss das Unternehmen auch den Marktanteil antizipieren. Wir gehen einfach davon aus, dass im Schnitt 100 Euro pro Bürger zu erzielen wären. Nehmen wir außerdem an, das Unternehmen prognostiziert, dass es möglich wäre, Fünf-Jahresverträge durchzusetzen. Wie sieht dann die Kalkulation aus?

100 Euro pro Monat pro Bürger wären in einem Gebiet wie Schwabing mit 100.000 Bewohnern 120 Millionen Euro im Jahr, abzüglich der zehn Euro langfristiger Kosten also ein möglicher Ertrag von 108 Millionen Euro. Natürlich würden sich langfristig die Einnahmen Richtung zehn Euro plus Gewinnmarge einpendeln, weil das Gebiet sicherer wird und Wettbewerber eintreten. Aber für fünf Jahre wären etwa 540 Millionen Euro zu verdienen.

Das Unternehmen könnte zu dem Schluss kommen, dass es sich lohnen würde, fünfzig Millionen Euro für den Kampf gegen die Mafia einzusetzen. Dann müsste es nur in einem von zehn Fällen gut gehen und es wäre im Plus. Wie könnten die fünfzig Millionen nun eingesetzt werden? Man könnte Informanten bezahlen, Kronzeugen ein neues Leben anbieten, oder sogar dem Mafiaboss ein Angebot machen, auszusteigen. Letzteres würde zwar empfindlich unser Gerechtigkeitsempfinden stören und vielleicht ist es auch billiger, ihn zu beseitigen, aber ich will Ihnen hier nur die Optionen aufzeigen. Mit Gewalt aufzuräumen birgt Risiken, daher wird man diese Option sicherlich mit einbeziehen.

Egal wie es abläuft: Am Ende sind die Bürger sicherer. Von einem eventuellen Deal mit dem Mafiaboss erfahren sie vielleicht gar nichts. Aber wäre dann das Sicherheitsunternehmen nicht die neue Mafia? Nein, weil dieses ja bei einem großen Konzern versichert wäre, der natürlich das ganze Treiben beobachten würde. Ließe er das Entstehen einer neuen Mafia zu, verlöre er weltweit alle Kunden an die Konkurrenz, die sich darauf beschränkt, ihre Kunden zu beschützen.

Auch hier müssen Sie wieder den Unterschied zum Staat sehen: Der hätte solche Möglichkeiten gar nicht, selbst wenn er wollte. Wie wir aber gesehen haben, hat er als Monopolist sowieso kein Interesse daran. Im Gegenteil, die Vertreter des Staates verdienen ja am organisierten Verbrechen mit und können auch bessere Überwachungsmaßnahmen durchsetzen, die in Wirklichkeit dazu dienen, den Steuersklaven zu überwachen.

Ein schönes Beispiel ist auch das jüngste Geschäftsfeld der Mafia: Das überteuerte Vermieten von Immobilien an „Flüchtlinge“[94]. Ohne Staat gäbe es das Geschäft gar nicht. Und da die Mafia die Politiker ohnehin auf dem Gehaltszettel hat, kann sie ihre Schmiergeldempfänger dazu bringen, diese Immobilien zu genehmigen und ihr die Aufträge zuzuschanzen. Daher ist das ein klassisches Beschäftigungsfeld für die Mafia, natürlich auch in anderen europäischen Ländern. Der dumme Steuersklave zahlt.

Hängen Sie sich nicht an den konkreten Zahlen auf, das sind nur Beispiele, um Ihnen die ökonomischen Wirkungen zu verdeutlichen. Sie sollen sehen, dass es auf jeden Fall ein lukratives Geschäft ist, mit der Mafia oder No-Go-Areas aufzuräumen. In der Realität werden sich also die drangsalierten Bürger vor Angeboten von Sicherheitsfirmen gar nicht retten können, was natürlich die Preise nach unten treibt und zwar so weit, dass es eben noch lukrativ genug ist, das Risiko einzugehen. So funktioniert jeder Markt in jeder Branche.

Sie sollten auch nicht vergessen, dass die Spitze der Mafia aus Profis besteht, die sowohl Märkte, Risiken, die Produktion von Sicherheit und Rechtssysteme kennt, wie kaum eine andere Organisation. Die Mafia hat auch ihre eigene Gerichtsbarkeit. Das ist eine der wichtigsten Funktionen des „Paten". Da die Mafia außerhalb der staatlichen Gesetze operiert, braucht sie natürlich ganz spezielle Regelungen, die legale Unternehmen nicht nötig haben. Auf Verrat steht beispielsweise die Todesstrafe.

Die Mafia ist auch ständig mit Gebietsstreitigkeiten konfrontiert. Wenn zum Beispiel das Mitglied einer anderen Mafia die virtuellen Grenzen übertritt, muss das bestraft werden. In der Regel setzt man sich dann mit dem konkurrierenden Mafiaboss zusammen. Gehören beide der selben Organisation an, entscheidet der über ihnen stehende Boss.

Manchmal muss trotzdem jemand bestraft werden. Die mexikanische und vermutlich auch andere Mafias haben sichergestellt, dass die Sanktion auch ausgeführt wird, wenn der Grenzübertretende ins Gefängnis kommt. Sie haben ihre Leute in allen Gefängnissen, aber wenn mal gerade kein eigener Killer vor Ort ist, wird eine andere Organisation damit beauftragt. Das ist das beschriebene Kopfgeldsystem.

Sogar Piraten hatten ihr eigenes Rechtssystem. Um sich vor

despotischen Kapitänen zu schützen, konnten Matrosen eines Piratenschiffes diese später vor Gericht bringen (Vgl dazu „Pirates, Prisoners, and Preliterates: Anarchic Context and the Private Enforcement of Law“[95] von Peter Leeson). Sie sehen hier also ganz deutlich: Selbst für Menschen, die offenbar nicht ans Eigentumsrecht glauben, weil sie Diebe sind, entstehen Rechte, einfach weil sie selber daran interessiert sind.

Da die Mafia dieses System genau versteht, weiß sie auch, dass sie gegen eine private Sicherheitsorganisation keine Chance hat. Im Staat kann sie den Monopolisten bestechen. Das geht in einer PRG nicht, wie ich mehrfach erläutert habe. Sie hat alle normalen Bürger, alle Sicherheitsunternehmen und milliardenschwere Versicherungskonzerne gegen sich, statt ein paar korrupter und schwächlicher Politiker.

Da die Mafia ohnehin andauernd Geld wäscht, also in legale Unternehmen transferiert, würde sie sich einfach auf die legalen Geschäfte zurückziehen. Möglicherweise bleibt tatsächlich ein Teil der Organisation als Sicherheitsdienstleister übrig. Eine gewisse Expertise ist ja vorhanden. Die sizilianische Mafia hat für ihre Schutzleistungen übrigens etwa fünf Prozent des Umsatzes verlangt. Das ist noch erheblich günstiger als der Staat, weil eben auch die Mafia aus Konkurrenzgründen nicht zu teuer werden kann. Wird dieses Geschäft legal, sinken die Preise eben noch weiter. Die Mafia wird ein ganz normaler Konkurrent.

Es gibt jetzt schon Hinweise darauf, dass die Mafia Staatsfunktionen übernimmt, wo der Staat so total versagt, dass die Mafia ihre „Kunden“ verliert, weil sie alle wegziehen oder weil sie Konkurrenz befürchtet. In Neapel soll die Camorra bereits 120 Afrikaner per Kopfschuss hingerichtet haben. Diese Zahl findet sich nur in alternativen Medien, aber auch die Daily Mail[96] berichtete am 23. April 2016 über einen blutigen Krieg der Cosa Nostra gegen die „Flüchtlinge“. Der Schuss eines Mafia-Mitgliedes auf einen Afrikaner wird dort sogar mit Bildern belegt.

In einer Privatrechtsordnung würde jedoch am Ende ein nicht kriminelles Unternehmen gewinnen. Die Mafia löst sich auf oder wird ein ganz normales Sicherheitsunternehmen. Mitarbeiter der vormalig kriminellen Mafia, die sich nicht an den Markt anpassen, also ehrlich arbeiten, würde der Pate vermutlich selbst aussortieren. Solche Reinigungsprozesse von Leuten, die zu aggressiv vorgehen, gibt es auch heute schon. Dieser Prozess würde sich natürlich rasant beschleunigen, wenn es die Mafia mit einem unbezwingbaren Gegner zu tun hat. Daher ginge der Übergang wahrscheinlich recht unblutig vonstatten. Das gilt auch für die folgenden Gruppen, die letztendlich auch nur eine Mafia sind.

Das Ende des tiefen Staates

Mit dem Staat hört natürlich auch der tiefe Staat auf zu existieren. Wie ist der tiefe Staat selbst nach Mainstreamdarstellung, also Wikipedia, definiert:

Der Begriff Tiefer Staat (türkisch: derin devlet) wird in der Türkei in der Bedeutung von Staat im Staate verwendet. Er deutet auf eine im Verlauf mehrerer Jahrzehnte gewachsene konspirative Verflechtung von Militär, Geheimdiensten, Politik, Justiz, Verwaltung, Rechtsextremismus und organisiertem Verbrechen (insbesondere Killerkommandos) hin.

Im linksversifften Wikipedia wird natürlich auf den Rechtsextremismus abgehoben, aber das ist natürlich Blödsinn. Jede Art von Terrorismus ist damit gemeint, der meiste kommt in fast jedem Staat derzeit von links oder dem Islam. Aber Sie erkennen schon, dass es eine solche Verflechtung ohne Staat gar nicht geben kann, weil der Konfliktentscheider eben nicht Konfliktpartei ist. Die Verbrechen des tiefen Staates werden ja immer vom Gewaltmonopolisten gedeckt. An dieser Stelle sollten Sie sich schon mit Operationen unter „falscher Flagge“ beschäftigen, aber das ist jetzt nicht Thema dieses Buches. Trotzdem will ich Ihnen anhand einer offiziell aufgeflogenen Geheimloge aufzeigen, wie sich das konkret in einer PRG abspielen würde.

Die Macht der Logen wäre gebrochen

Dazu ein kurzer Ausschnitt aus meinem Buch „Die Vereinigten Staaten von Europa“ zur P2-Loge (Die Originalquellen finden Sie dort, aber Sie können das alles auch selber nachrecherchieren):

Beim Chef dieser Loge (Meister vom Stuhl), Licio Gelli, laufen alle Fäden zusammen. Er war Mitglied des Malteserordens, des Ritterordens vom Heiligen Grab zu Jerusalem, Freimaurer und arbeitete mit der Nazi-Organisation Odessa zusammen. Aber nicht nur das. Regine Igel schreibt in ihrem Buch Terrorjahre:

Es war Ted Shackly, Direktor aller verdeckten Operationen der CIA im Italien der 70er Jahre, der den Chef der Freimaurerloge P2 Alexander Haig (Malteser Ritter) vorstellte. Haig und Kissinger gaben Gelli im Herbst 1969 die Ermächtigung für die Rekrutierung von 400 hohen italienischen und NATO-Offizieren in seine Loge.

Ein Bericht des Observer vom 18. November 1990 bestätigt das. CIA-Agent Richard Brennecke erklärte in einem Interview mit dem italienischen RAI-Journalisten Ennio Remondino, dass die P2-Loge von der CIA finanziert worden sei. Weiteres Mitglied der P2-Loge und des Malteserordens war Roberto Calvi, der als „Bankier Gottes“ bekannt wurde, mit der Vatikanbank Geschäfte machte und am 18. Juni 1982 in London unter der Blackfriars Bridge erhängt aufgefunden und laut einem 2005 (!) stattgefundenen Gerichtsverfahren ermordet wurde.

Der ehemalige Anti-Mafia-Richter Ferdinando Imposimato beschreibt in seinem Buch La Repubblica delle stragi impunite (2012) die Allianz von Mafia, Freimaurerei, Gladio und Geheimdiensten und wirft den Bilderbergern direkt vor, in die Terrorakte von Gladio verwickelt zu sein. Einen glaubwürdigeren Zeugen kann es gar nicht geben. Imposimato hat sein Leben riskiert, um gegen die Mafia vorzugehen.

P2-Mitglied Silvio Berlusconi wurde nach dem Verbot der Loge noch mehrfach Ministerpräsident. Mehr noch, Licio Gelli brüstete sich 2003 in der Tageszeitung La Repubblica damit, dass Berlusconi nach und nach alle seine Pläne in die Tat umsetze. Henry Kissinger und die CIA wurden nie belangt.

Wir sehen also, die Mafia, der tiefe Staat, bestimmte Logen, das sind letztendlich nur verschiedene Bezeichnungen für bösartige Organisationen, die Einfluss auf den Staat ausüben. Was immer Sie glauben, wer Einfluss auf den Staat nimmt, seien es Geheimlogen, Lobbyisten, Großkonzerne, Banken, bösartige Superschurken oder der Teufel höchstpersönlich, in einer PRG gibt es keinen Gewaltmonopolisten, der in dieser Weise beeinflusst werden könnte. Machen wir es konkret:

Wir haben also eine bösartige Organisation, nennen wir sie spaßeshalber die Illuminati, aber Sie können sie auch Mafia oder Cosa Nostra (was eigentlich nur „unsere Sache" heißt und nie der Eigenname der Mafia war) nennen. Was sollen die Illuminati in einer PRG Böses anstellen? Nehmen wir Terroranschläge: Das Ziel der Terroranschläge, und das wurde im Falle von Gladio sogar offiziell zugegeben, ist es, das Unsicherheitsgefühl der Bevölkerung zu erhöhen, damit sie einen Überwachungsstaat und Waffenverbote akzeptiert. Gratuliere, ganz toller Plan!

In einer PRG würden die Versicherungen Kunden, die sich selbst bewaffnen, sogar Rabatte anbieten. Die Nachfrage nach Waffen würde also steigen und nicht der Ruf nach Verboten, denn es gäbe ja keinen Staat, der etwas verbieten könnte. Es gäbe nur Versicherungen mit einem Interesse an bewaffneten und an der Waffe gut ausgebildeten Kunden, weil sie so seltener für Schäden aufkommen müssten.

Überwachung: Wie gezeigt, gäbe es auch in einer PRG einen gewissen Grad an Überwachung, aber nur da, wo sie sinnvoll ist. Das lässt sich am besten illustrieren, wenn Sie den Unterschied von Kontrollen an Flughäfen und an Einkaufszentren betrachten. Am Flughafen greift Ihnen inzwischen irgend so ein Perverser zwischen die Beine oder schickt Sie bald durch einen radioaktiven Nacktscanner. Am liebsten hätte ich schon dem einen oder anderen Triebtäter am Flughafen die Fresse poliert, aber ich halte mich natürlich zurück, weil es nun mal in einem Staat keine andere Möglichkeit gibt, zu fliegen.

In den meisten Entwicklungsländern wird inzwischen an den Einkaufszentren kontrolliert, in Deutschland vermutlich bald auch. Aber da das Einkaufszentrum ein Interesse an Kunden hat, sind diese Schutzmänner ausnehmend freundlich und erklären Ihnen bei Bedarf auch noch den Weg. Abgetastet werden Sie so gut wie nie und sicher nie zwischen den Beinen. Nur wenn sie auf die pfiffige Idee kommen, einen Rucksack mitzunehmen, will der Wachmann eben mal einen Blick hineinwerfen. In Gated Communities entfällt meistens auch das, weil ja schon am Eingang kontrolliert wurde und man die Leute kennt.

Aber könnte nicht genau das das Ziel von Anschlägen sein? Mehr Waffen zu verkaufen oder einen Staat zu errichten? Dazu muss man eben verstehen, dass der militärisch-industrielle Komplex eine Einheit mit dem Staat bildet. In einer PRG hat der Waffenhersteller mehrere Gegenspieler: Sicherheitsunternehmen würden darauf achten, dass der Waffenhersteller keine Massenvernichtungswaffen baut. Versicherer würden nie zulassen, dass ihre Kunden bei unversicherten

Herstellern kaufen. Diese müssten sich Kontrollen unterziehen und würden ihrerseits überwacht. Sollte also wirklich ein Waffenhersteller oder wer auch immer einen Anschlag durchführen, würde er effizienter verfolgt. Und selbstredend würde die Versicherung darauf achten, dass der neutrale Richter nicht vom Täter bezahlt wird.

Abgesehen davon wüsste der Waffenhersteller ja gar nicht, dass als Reaktion auf einen Anschlag genau seine Waffen gekauft würden. Wenn der tiefe Staat einen Anschlag durchführt, ist von vornherein klar, wer danach die Aufträge zur Aufrüstung des Sicherheitsapparats bekommt, weil der Täter mit dem Auftraggeber und dieser mit dem Auftragnehmer identisch ist.

Aber was ist, wenn in einer PRG die bösartige Organisation klammheimlich alle neutralen Richter besticht? Erstens ist das faktisch unmöglich. Zweitens gibt es, wie ich schon beschrieben habe, dazu genügend Gegenmaßnahmen. Aber nehmen wir an, der Richter ist in einer ganz fiesen, supergeheimen Organisation. Bei der ersten Fehlentscheidung fliegt er auf und die Geheimorganisation gleich mit. Die Strafen können Sie sich vorstellen. In einem Staat fliegen diese Organisationen so gut wie nie auf, denn die Organisation muss sich ja nur des Monopolisten bemächtigen.

Dazu noch ein Beispiel aus England. Der Mirror[97] schrieb am 23. November 2015 unter der Überschrift „Wie die Geheimorganisation der Freimaurer 200 Jahre lang Britannien im Griff hielt“:

Der massive Einfluss, den Freimaurer auf die herrschende englische Klasse für fast 200 Jahre hatten, wurde endlich enthüllt. Die Namen von Königen, Staatsmännern, Richtern, militärischer Führungselite, Bischöfen und Polizei wurden in einem Geheimarchiv gefunden, das zwei Millionen Freimaurer auflistet.

Der Mirror schreibt zurecht, die Geschichtsbücher müssten umgeschrieben werden. Das Archiv endet im Jahre 1923, aber der Autor behauptet nicht, dass damit auch der Einfluss der Freimaurer geendet hätte. Die Öffentlichkeit kennt nur die Mitglieder von heute nicht. In den Geschichtsbüchern steht auch nicht, dass diese Gruppe irgendwann zerschlagen worden wäre. Der Mirror berichtete sogar, dass die Freimaurer die Ermittlungen zur Titanic und Jack the Ripper sabotierten.

Wie groß der Einfluss noch heute ist, lässt sich ganz einfach nachweisen. Die Daily Mail[98] schrieb am 8. März 2008, dass der Duke of Kent der *Kopf der geheimnisvollen Organisation, der Großmeister der Vereinigten Großloge von England ist.*

Am 22. März 2015 berichtete ebenfalls Daily Mail[99], dass Scotland Yard in den 80er Jahren die Ermittlungen zu einem gigantischen Pädophilenring, in den Prominente aus Justiz, Politik und Medien verwickelt waren, aus „Gründen der Nationalen Sicherheit" eingestellt und verheimlicht hat. Unter den Verdächtigen war ein *mysteriöses Mitglied der königlichen Familie*.

Offiziell kann das Königshaus keine Ermittlungen einstellen, also ist völlig klar, dass der Einfluss über genau jene Freimaurerlogen ausgeübt wurde, deren Chef der Duke of Kent ist und in deren Reihen sich offensichtlich die Pädophilen tummeln, die hier geschützt wurden.

An dieser Stelle sollten Sie sich fragen, warum die Regierungen anderer Länder diesen Einfluss der Freimaurer auf die englische Politik nicht thematisieren und anprangern. Die Antwort liegt auf der Hand: Weil dort genau dieselben Netzwerke existieren. Für Deutschland ist dieser Einfluss ganz eindeutig nachweisbar. Ich tue dies bereits in meinem englischen Buch „New World Order exposed" und bald auch in einem deutschen Buch. Hier nur in aller Kürze einige Hinweise.

Angela Merkel hat im Jahre 2011 den Coudenhove-Kalergi-Preis[100] akzeptiert. Der Freimaurer schrieb 1925 in seinem Buch Praktischer Idealismus:

Der Mensch der fernen Zukunft wird Mischling sein. Die heutigen Rassen und Kasten werden der zunehmenden Überwindung von Raum, Zeit und Vorurteil zum Opfer fallen. Die eurasisch-negroide Zukunftsrasse, äußerlich der altägyptischen ähnlich, wird die Vielfalt der Völker durch eine Vielfalt der Persönlichkeiten ersetzen.

Coudenhove-Kalergi schrieb dort auch:

Der Einfluß des Blutadels sinkt, der Einfluß des Geistesadels wächst. Diese Entwicklung, und damit das Chaos moderner Politik, wird erst dann ihr Ende finden, bis eine geistige Aristokratie die Machtmittel der Gesellschaft: Pulver, Gold und Druckerschwärze an sich reißt und zum Segen der Allgemeinheit verwendet.

Letztendlich können Sie diese Prinzipen der Machtausübung auch bei Machiavelli nachlesen. Coudenhove-Kalergi hat nur sehr prägnant zusammengefasst, wie Freimaurer oder andere Interessengruppen diesen Einfluss ausüben: Über das Gewaltmonopol (Pulver), die Kontrolle des Geldsystems (Gold) und die Presse (Druckerschwärze). Auch dies ist erstaunlich einfach nachzuweisen:

Der Gründer des zweitgrößten Verlages in Deutschland, Axel Springer, war Mitglied in der Freimaurerloge „Die Brückenbauer". Thomas Dehler, seines Zeichens Justizminister (!) wird laut Freimaurer-Wiki[101] (keine „Verschwörungsseite", sondern von Freimaurern betrieben) in einer Festschrift der

Brückenbauer im Gespräch mit Theodor Vogel, dem Initiator des ersten Dachverbands der Deutschen Großlogen, so zitiert:

Wir müssen in den Aufbau der Bundesrepublik freimaurerisches Gedankengut einbringen. Am besten wäre, wir würden unsere Verantwortlichen in einer Loge zusammenschließen.

Liz Mohn wiederum, die Chefin des größten Medienkonzerns in Deutschland, war das erste weibliche Mitglied[102] in Rockefellers Club of Rome. Die Rockefellers wiederum verbündeten sich 2012 ganz offiziell mit den Rothschilds[103]. Über diese Familie schreibt die israelische Mainstream-Zeitung „Israel National News“[104]:

Das Gebäude des Verfassungsgerichts in Jerusalem, notiert Chomsky, wurde 1992 mittels einer Finanzierung durch die Yad Hanadiv Stiftung gebaut. Viele Mitglieder der Rothschild Familie, denen Yad Hanadiv gehört, waren stolze Mitglieder der Freimaurer, sagte sie.

Mit Chomsky ist die Mainstream-Journalistin Gilit Chomsky gemeint.

Jacob Rotschild wiederum ist Mitglied des königlichen Order of Merit[105] und Ritter des Knight Grand Cross des Order of the British Empire[106]. Sehen Sie hier irgendwelche Zusammenhänge?

Ihnen sollte spätestens jetzt klar sein, dass diese Einflussgruppen mit dem Staat zu einer Einheit, dem tiefen Staat, verschmelzen. Wie groß auch immer Sie diesen Einfluss einschätzen, in einer PRG ist so etwas nicht möglich, weil der Richter eben nicht Konfliktpartei sein darf. Es wäre natürlich immer noch möglich, einzelne Gerichtsunternehmen zu unterwandern, aber sobald offensichtlich fehlerhafte Urteile gefällt werden, könnten die Kunden wechseln. Das habe ich jetzt schon an mehren Stellen erläutert, aber hier noch ein Fall, der es sogar in die Mainstreampresse geschafft hat. Die Süddeutsche Zeitung[107] schrieb am 4. Juni 2013 über den Fall Gustl Mollath:

Im Untersuchungsausschuss Gustl Mollath erfährt man Merkwürdiges über die Gepflogenheiten des Nürnberger Rotary-Clubs. Klaus Hubmann, 67, ist als Zeuge geladen, vor seiner Pensionierung war er Generalstaatsanwalt in Nürnberg, höchster Vertreter der Anklagebehörde. Angesprochen aber wird er im Ausschuss nun auf seine Mitgliedschaft im Rotary-Club. Und Hubmann bestätigt, ja, als vor etwa zehn Jahren die ersten Anzeigen bei der Staatsanwaltschaft eingegangen sind, da habe er die Ehre gehabt, Präsident der Rotarier sein zu dürfen. Und ja, es seien die örtlichen Rotary-Clubs damals von einem Zimmer im Filialgebäude der Hypo-Vereinsbank (HVB) aus verwaltet worden.

Nochmal zum Mitschreiben: Der oberste Vertreter der Anklagebehörde im Fall Mollath, der in die Psychiatrie eingewiesen wurde, weil er eine sehr reale Verschwörung der Hypovereinsbank aufgedeckt hat, war Präsident jener Vereinigung, die ein Büro in einer Filiale dieser Bank hatte! Und obwohl dies in der Presse steht und bei einem parlamentarischen Untersuchungsausschuss ans Licht kam, wandert weder der Ankläger, noch der Richter, noch der Gutachter hinter Gitter!

Am 23. Mai 1983 schrieb der Spiegel[108], *Rotarier und Löwen (*Lions Club) *stellten in den Vorständen von CDU, CSU und FDP ein solides Drittel.* Mollath wurde 2006 verurteilt. Innenminister zu der Zeit war der Rotarier Günther Beckstein[109], der von 2007 bis 2008 auch Ministerpräsident war. Wir erinnern uns, dass die Staatsanwaltschaft in Deutschland ganz offiziell weisungsgebunden an die Politik ist. Danach folgte

Horst Seehofer, der sogar Autor für das Rotary Magazin[110] ist. Unter beiden diente Justizministerin Beate Merk. Sie ist Mitglied im Rotary Club Ulm/Neu-Ulm[111]. Selbst die Süddeutsche[112] empfand es als zynisch, dass sich Merk die Freilassung Mollaths ans Revers heftete, obwohl sie alles unternommen hat, das zu verhindern. Diese Sätze sagte sie zuvor über Mollath:

„Ich muss davon ausgehen, dass er zu Recht in der Psychiatrie sitzt."

„Herr Mollath ist gefährlich. Man hat das auch unter anderem dadurch festgestellt, dass er schwere Körperverletzungen an seiner Ehefrau begangen hat. Das Gericht hat es festgestellt, aufgrund von Gutachten."

„Er sitzt in der Psychiatrie, weil er gefährlich ist."

Ihrer Karriere tat das keinen Abbruch. Sie wurde Europaministerin. Aber bereits 2014 hatte sie den nächsten Skandal an der Backe. Ihr wurde unter anderem im Handelsblatt vom 21.11.2014[113] vorgeworfen, in ihrer Zeit als Justizministerin die Strafverfolgung von mindesten zehntausend Ärzten wegen betrügerischer Abrechnungen unterlassen zu haben. Ärzte sind besonders gern gesehene Mitglieder der Rotarier[114], natürlich weil sie so viel Gutes tun. Im April 2014 berichteten die Rotarier ganz stolz[115], dass eines ihrer Mitglieder, die Ärztin Melanie Huml, die jüngste Staatsministerin im Kabinett Seehofer sei. Dort ist sie als „Ministerin für Gesundheit und Pflege" für die Ärzteschaft zuständig.

Das ist natürlich Provinzpolitik. Für die große Politik sind offensichtlich Freimaurerlogen zuständig, wie das Beispiel England zeigt.

In einer PRG hätte sich Mollath - im Rahmen des von mir

beschriebenen Prozedere - nicht nur das Gerichtsunternehmen aussuchen können, er könnte jetzt auch im Nachhinein bei jedem beliebigen Gericht gegen die Täter, die ihn seiner Freiheit beraubt hatten, klagen. Das erste Gerichtsunternehmen verlöre alle Kunden und die Täter wären schadensersatzpflichtig. Natürlich würde ein Gerichtsunternehmen genau deshalb darauf achten, dass solche Interessenskonflikte gar nicht erst entstehen. Heute kann Mollath nur bei derselben Institution klagen, die ihn entführt und seiner Freiheit beraubt hat.

Auch das Instrument, mit dem Mollath ausgeschaltet werden sollte, verdient eine nähere Betrachtung. Gutachter und Richter sperrten ihn ein, weil er angeblich unter einer „paranoiden Persönlichkeitsstörung“[116] litt. Ein Merkmal ist laut der durch die Weltgesundheitsorganisation WHO herausgegebenen Richtlinie ICD10[117] die

häufige Beschäftigung mit unbegründeten Gedanken an Verschwörungen als Erklärungen für Ereignisse in der näheren oder weiteren Umgebung.

Damit kann der Staat also jeden „Verschwörungstheoretiker“ für immer wegsperren. Denn wer sollte denn entscheiden, ob diese Gedanken „unbegründet“ sind. Der Staat behauptet ja auch, Kritiker an der lächerlichen offiziellen Theorie zum 11. September (vgl. meine anderen Bücher und meine Focus Money-Artikel[118] dazu) würden unbegründete „Verschwörungstheorien“ aufstellen.

Mollath hatte zum Beispiel eine ganz reale Verschwörung aufgedeckt. Natürlich könnte in einer PRG niemand wegen seiner Gedanken weggesperrt werden, sondern nur wenn ein Kläger nachweisen kann, dass ihm ein konkreter Schaden zugefügt wurde. Staaten können so aber jede missliebige Person einsperren und tun das auch. Recherchieren Sie einfach, wie viele Menschen wegen dieser „Krankheit" in die Psychiatrie zwangseingewiesen werden, obwohl sie niemandem etwas getan haben.

Ein Musterbeispiel dafür, was uns bei zunehmender Zentralisierung blüht, lieferte der Europäische Gerichtshof für Menschenrechte. In der englischen Presse wurde in den neunziger Jahren zunehmend über die gefährlichen Umtriebe von fragwürdigen Freimaurerlogen berichtet. Die englische Presse ist wesentlich freier als die deutsche, was Sie schon daran erkennen können, dass über diese Skandale in der deutschen Presse gar nicht oder nur sehr spärlich berichtet wurde. Der Staatssender BBC berichtete am 9. März 2012[119], dass es im Jahre 1999 selbst dem britischen Staat zu bunt wurde und er von Richtern verlangte, offen zu legen, ob sie einer Freimaurerloge angehören. Das ist nur recht und billig, denn Richter bekleiden ein öffentliches Amt, kein geheimes. 2009 hob der Europäische Gerichtshof für Menschenrechte diese Regelung auf und bestimmte, dass Richter dies freiwillig tun könnten und auch nur gegenüber ihren Vorgesetzten.

Dreimal dürfen Sie raten, von wem dieser Gerichtshof kontrolliert wird und wer einen Weltgerichtshof kontrollieren würde. Wir sehen auch hier, warum eine zunehmende Zentralisierung angestrebt wird: Weil dann nur noch eine zentrale Stelle gesteuert werden muss. In einer PRG wären es tausende unabhängiger Gerichtsunternehmen, die freiwillig gewählt würden. Natürlich könnten sich die Kunden an Gerichtsunternehmen wenden, die ebenfalls eine Offenlegung von Logenmitgliedschaften verlangen und empfindliche Strafen aussprechen, sollte eine Mitgliedschaft verschwiegen werden.

In einer PRG gibt es immer einen mächtigen Gegenspieler, der die Masse der Kunden vertritt. Das wird besonders deutlich bei einem Thema, das sich bisher völlig jeglicher Kontrolle entzieht:

Das Ende von Geoengineering und Mind Control

Mainstreammedien wie der Spiegel[120] am 9. Oktober 2017 berichten inzwischen ganz offen über ein Thema, das lange als „Verschwörungstheorie“ galt: Geoengineering, also Technologien zur Beeinflussung des Wetters. Bereits am 13. Juli 1995 wurde in einer Sitzung des europäischen Parlamentes[121] das Verbot von Wetterwaffen und anderen Technologien zur Beeinflussung des Wetters und der Menschen gefordert. Wörtlich heißt es unter anderem, der Ausschuss

fordert vor allem ein internationales Übereinkommen über ein generelles Verbot von Forschungs- und Entwicklungsprojekten - ob militärisch oder zivil -, die die Anwendung der Erkenntnisse auf dem Gebiet chemischer und elektrischer Vorgänge oder von Schallwellen oder anderen Funktionen des menschlichen Gehirns zur Entwicklung von Waffen beinhalten, die jeder beliebigen Form der Manipulation des Menschen Tür und Tor öffnen könnten; dieses Übereinkommen sollte auch ein Verbot aller derzeit bekannten sowie aller erdenklichen Anwendungsmöglichkeiten solcher Systeme umfassen (...).

Obwohl sich also selbst staatliche Organe mit dem Thema beschäftigt haben, wurde darüber weder berichtet, noch wurde irgendein Verbot ausgesprochen.

Wie wäre das in einer PRG? Der offensichtliche Gegenspieler solcher Organisationen sind natürlich die Versicherungen und zwar die ganz großen, denn sie haften ja mit riesigen Summen für die Schäden von Unwetter oder gar die Beeinflussung des menschlichen Gehirns (Mind Control).

Dabei geht es um Milliarden. Was glauben Sie wohl, wie viel Prozent dieser Milliarden die Versicherungen einsetzen würden, um diese Gefahr auszuschalten? Möglicherweise würde man den Betreibern solcher Anlagen zur Abschreckung einen öffentlichen Prozess machen. Vielleicht lässt man solche Massenmörder aber auch einfach verschwinden.

Aber warum wehren sich denn heute die Versicherer nicht? Würde heute ein Versicherer diese Vorgänge anprangern oder sogar die Betreiber verfolgen, würde ihm der Staat die Lizenz entziehen, die Verbreiter der Informationen würden umgebracht und staatliche Richter würden diese Verbrechen decken.

Es ist genau umgekehrt: Die Tatsache, dass die Versicherer nichts unternehmen, ist ein Beleg dafür, dass sie selbst Teil des Systems sind. Beweis gefällig? Die größte Rückversicherung der Welt, Münchner Rück, also diejenige, die beim Einsatz von Geoengineering die größten Verluste macht, arbeitet mit dem Club of Rome zusammen[122]. Das ist also genau der Rockefeller-Verein, der uns einreden will, die gemeine Bevölkerung würde durch die Produktion von CO2 das Klima beeinflussen und nicht (in dem Fall sogar direkt von einem Staat betriebene) Anlagen wie HAARP, die explizit im EU-Bericht erwähnt werden:

27. hält HAARP (High Frequency Active Auroral Research Project) wegen der weitreichenden Umweltauswirkungen für eine globale Angelegenheit und fordert, die rechtlichen, ökologischen und ethischen Auswirkungen von einem unabhängigen internationalen Organ untersuchen zu lassen, bevor weitere Forschungsarbeiten und Versuche stattfinden; bedauert die wiederholte Weigerung der Regierung der Vereinigten Staaten, einen Vertreter zu der öffentlichen Anhörung oder den folgenden Sitzungen seines zuständigen Ausschusses über die Auswirkungen des Forschungsprogramms über hochfrequente Strahlen (High Frequency Active Auroral Research Project - HAARP), das gegenwärtig in Alaska durchgeführt wird, zu entsenden;

28. fordert die STOA-Lenkungsgruppe (Scientific and Technological Options Assessment) auf, ihre Zustimmung zu geben, daß die wissenschaftlichen und technischen Beweise, die in allen vorliegenden Forschungsergebnissen über HAARP vorliegen, untersucht werden, um die genaue Art und das Gefährdungspotential, das HAARP sowohl für die lokale als auch für die globale Umwelt sowie für die Gesundheit der Menschen generell darstellt, zu ermitteln;

29. fordert die Kommission auf, in Zusammenarbeit mit den Regierungen von Schweden, Finnland, Norwegen und der Russischen Föderation die Auswirkungen des HAARP-Programms auf die arktischen Gebiete Europas unter den Aspekten Umwelt und Gesundheit der Bevölkerung zu untersuchen und dem Parlament über die Ergebnisse zu berichten (...).

Ich habe schon an vielen Stellen über den angeblich menschengemachten Klimawandel berichtet, daher hier nur kurz die Fakten mit Verweis auf meine anderen Bücher:

Es gibt keine Korrelation[123] zwischen CO2 und Temperatur und kein Experiment[124], also gibt es auch keinen Zusammenhang. Selbst wenn es einen gäbe, der menschliche Anteil am jährlichen CO2-Ausstoß ist mit 1,2 Prozent gering und der Anteil von CO2 an der Atmosphäre ist mit 0,04 Prozent winzig.

Ganz offensichtlich gibt es aber Technologien zur Wetterbeeinflussung und genau die werden nicht geächtet. Gleichzeit impfen Politik und Medien dem Normalbürger eine Schuld am Klimawandel ein, nur um alle seine Lebensgewohnheiten kontrollieren zu können, da CO2 bei praktisch jedem Produktionsprozess und beim Ausatmen anfällt. Die wirklichen Umweltprobleme würden wie oben gesehen über Versicherungen geregelt. Wenn jemand beispielsweise einen Fluss verschmutzt, betrifft dies alle Anwohner und etwa die Nutzer des Grundwassers. Diejenigen, die es betrifft, könnten klagen, mit milliardenschweren Versicherungen im Rücken.

Das Ende aller Kriege

Aus allem, was Sie bisher gelesen haben, können Sie selber schließen, dass es in einer weltweiten PRG keine Kriege mehr geben kann. Nur Staaten führen Kriege mit zwangsweise eingetriebenen Steuern. In einer PRG gäbe es keine Gebiete zu erobern. Kriege in einer PRG sind teuer und sinnlos. Wie bereits erklärt, wäre es idiotisch, etwa die Zentrale einer Versicherung zu besetzen, weil die Kunden dann nicht mehr zahlen würden.

Es gäbe allenfalls noch regionale Konflikte, falls sich lokale Gangs in No-Go-Areas unvernünftig verhalten und nicht sofort aufgeben. Das ist natürlich nichts im Vergleich zu den mehr als hundert Millionen Toten, darunter viele Zivilisten, die staatliche Kriege bisher gekostet haben.

Interessanterweise begründen auch diejenigen, die offen nach einer Weltregierung streben, ihr Ziel damit, alle Kriege zu beenden. Es sollte aber klar sein, dass eine Weltregierung einen permanenten Krieg gegen die Bevölkerung bedeutet. Stellen Sie sich nur einmal vor, eine einzige zentrale Stelle kann über Ihr Schicksal entscheiden. Sie können nicht einmal vor zu hohen Steuern oder sonstigen Drangsalierungen in ein anderes Land fliehen. Absolute Macht korrumpiert absolut. Es wäre in der Tat so, wie es Georg Orwell[125], in „1984“, einmal ausgedrückt hat:

Wenn Sie eine Vision von der Zukunft haben wollen, stellen Sie sich einen Stiefel vor, der in ein menschliches Gesicht tritt - für immer.

Neue Technologien

Technologien können immer zum Guten wie zum Schlechten eingesetzt werden. Es gibt zahlreiche Hinweise darauf, dass längst Technologien existieren, die die Menschheit erheblich weiter bringen würden. Der (tiefe) Staat verhindert dies aber auf zweierlei Weise. Erstens durch die Erteilung von Patenten, die es in einer PRG gar nicht gäbe. Dadurch gelangt das Wissen zum Staat. Dieser kann die Anwendung der Technologie aus „Gründen der Nationalen Sicherheit" verbieten. Die amerikanische Regierung hält beispielsweise über 5.000 Patente geheim[126]. Das bedeutet, weder der Erfinder noch irgendjemand anders kann diese Patente offiziell nutzen. Aber natürlich können die klandestinen Gruppen innerhalb des tiefen Staates darauf zugreifen.

Zweitens: Sollte es ein Erfinder einmal wagen, gar kein Patent anzumelden oder seine Ergebnisse einfach zu veröffentlichen, kommt er ins Gefängnis oder wird umgebracht. Der Staat deckt diese Verbrechen. Dafür gibt es unzählige Beispiele[127]. Ich will mir hier nur ein ganz prominentes heraussuchen, weil es dazu sogar einen sehenswerten deutschen Film gibt: Wilhelm Reich. Dieser Erfinder wurde nicht nur zeitweise eingesperrt, laut dem Film zwangen ihn offenbar sadistisch veranlagte FBI-Beamte sogar, seine Erfindungen eigenhändig zu zerstören.

Ich habe keine Ahnung, ob seine Apparaturen wirklich funktionieren, aber in einer PRG wäre so etwas nicht nur undenkbar, Erfinder würden darüber hinaus viel besser geschützt. In einer PRG würde ein Erfinder nur bestraft, wenn er eine Eigenschaft seiner Erfindung vertraglich zusichert, die sie dann aber nicht hat. Bei medizinischen Geräten wird das niemand tun, weil ein Heilerfolg immer unsicher ist. Aber unabhängige Agenturen könnten Tests durchführen und veröffentlichen. Diese könnten dann wiederum verklagt werden, wenn nachgewiesen werden kann, dass bei den Tests betrogen wurde.

Bei Geräten zur Energieerzeugung wiederum könnte leicht die Produktion einer bestimmten Menge an Energie zugesichert werden. Dies könnte ja von einem Gericht leicht überprüft werden. Dass der Staat solche Erfindungen bewusst blockiert, zeigt der Fall des deutschen Physikers Prof. Claus Turtur. Er behauptet in seinem Buch „Freie Energie für alle Menschen“: Raumenergiemotor: Nachweis und Bauanleitung“[128] und an anderer Stelle, dass er experimentell nachgewiesen hätte, dass eine solche Energieform (auch Nullpunktenergie oder Vakuum-Energie genannt) tatsächlich existiert. Er schrieb an Angela Merkel, dass er nur zwei oder drei Millionen Euro bräuchte, um das Experiment im Labor mit teuren Geräten (und nicht wie in seinem Versuch „selbstgebastelt“) öffentlich zu wiederholen und einen Prototyp zu bauen. Sein Ersuchen wurde abgelehnt. Warum werden zig Milliarden Euro für uralte Technologien wie Windmühlen ausgegeben, wenn doch nur wenige Millionen für eine viel bessere Technologie reichen würden?

Nun könnte man noch einwenden, dass Turtur seine eigenen Testergebnisse vielleicht gefälscht hat. Aber das wurde ihm gar nicht nachgewiesen. Sein Ersuchen wurde einfach abgelehnt. In seinem Buch schildert Turtur auch den Fall des Erfinders Prof. Stefan Marinow, der kurz nach der erfolgreichen Präsentation eines Raumenergiekonverters vom Dach der Universität von Graz gesprungen sein soll. Als offizielle Todesursache findet man auf Wikipedia tatsächlich „Suizid in Graz“.

Natürlich ist es lächerlich anzunehmen, dass sich jemand nach erfolgreicher Präsentation vom Dach stürzt. Aber selbst wenn man einwendet, dass es diese erfolgreiche Präsentation vielleicht gar nicht gab, erscheint es doch sehr unwahrscheinlich, dass sich so ein Forscher einfach umbringt, selbst wenn er den Durchbruch noch nicht geschafft haben sollte. Auch hier sehen wir ganz klar: Es ist der Staat, der eine Aufklärung des Falles mindestens blockiert, mit höchster Wahrscheinlichkeit aber ein Verbrechen bewusst vertuscht. Zumindest sollte man ja erwarten, dass irgendwelche Untersuchungsergebnisse bekannt gegeben würden: Fehlanzeige.

Wie wäre es nun in einer PRG? Nun, ein Erfinder könnte sich einfach hoch versichern. Wie wir gesehen haben, kostet eine Versicherung zur Aufklärung von Mord nur etwa zehn Cent für zehn Millionen Euro. Selbst wenn diese Zahl zu tief gegriffen wäre, er könnte sich einfach auf 100 Millionen oder eine Milliarde versichern. Natürlich würde in diesem Fall die Versicherung genau prüfen, wer das ist, also wäre es vielleicht schlauer, eine normale Summe zu nehmen. Würde man feststellen, dass es sich um einen gefährdeten Erfinder handelt, würde man wohl die Prämie hochschrauben. Sie würde aber im Vergleich zu den Investitionskosten eines Wagniskapitalgebers auf keinen Fall ins Gewicht fallen. Es gäbe auch sicherlich auf Erfinder spezialisierte Versicherungs- und Sicherheitsunternehmen.

Turtur wundert sich in seinem Buch, warum er keine Wagniskapitalgeber findet. Der Grund sollte jetzt klar sein: Eine kurze Recherche würde zeigen, dass alle, die bisher behauptet haben, so eine Maschine erfunden zu haben, vorzeitig ums Leben gekommen sind. Ein Profi wüsste natürlich sofort, dass sie umgebracht wurden und der Staat die Täter schützt. Damit ist das Risiko viel zu hoch. Ich kann das Thema hier nicht erschöpfend behandeln, aber da ich es schon sehr lange recherchiere, sei so viel gesagt: Wenn es diese Technologie gibt, haben sie die großen Konzerne längst schon, deshalb macht es keinen Sinn für einen kleinen Anbieter überhaupt auf den Markt zu gehen. Sobald die Technologie offiziell anerkannt wäre, würden sie sofort die Produkte auf den

Markt bringen. Heute tun sie es nicht, weil eben die konventionellen Energieunternehmen den Staat in der Tasche haben. Über den Einfluss der Ölindustrie auf politische Entscheidungen können sie ja sogar in der Mainstreampresse kritische Artikel lesen. Ein Wagniskapitalgeber hat also eine geringe Aussicht auf Ertrag, aber dafür das maximale Risiko, ermordet zu werden.

Dasselbe gilt natürlich für die Entdecker alternativer und natürlicher Heilmittel. Ärzte, die sie anwenden, verlieren nicht selten die Approbation, landen im Gefängnis oder leben vorzeitig ab. Das ist natürlich dem Einfluss der Pharmaindustrie geschuldet, weil sie natürliche Heilmittel nicht patentieren kann. Auch hier wären in einer PRG die Versicherer die Gegenspieler, die heute verstaatlicht würden, wenn sie beispielsweise auf die staatlich geprüften Medikamente verzichten würden.

Und für Schlaumeier, die bei dem Energiethema immer auftreten, obwohl sie es nicht wie ich seit mehr als zehn Jahren recherchieren, noch eine Bemerkung: Diese Technologie verletzt nicht den Energieerhaltungssatz. Woher die Energie kommt, müssen Sie allerdings schon selber recherchieren. Das ist anhand öffentlich zugänglicher Informationen möglich. Ich kann Ihnen und den Psychopathen des tiefen Staates aber versichern, dass ich nicht an solchen Geräten forsche und auf Anfrage auch keine Kontakte herstelle oder weitere Informationen rausgebe. Darüber können wir reden, wenn der Staat abgeschafft ist. Ich bin nicht lebensmüde.

Alleine die Tatsache, dass Erfinder offensichtlich in einer PRG besser geschützt wären, würde die Menschheit vermutlich bei Abschaffung des Staates technologisch um hundert Jahre nach vorne katapultieren. Denken Sie nur an die Arbeiten von Nikola Tesla. Soviel kann ich Ihnen verraten: Tesla war kein Spinner, sondern ein Genie. Sabotiert wurde er von einem Korporatisten und Räuberbaron wie er im Buche steht: J.P. Morgan, seines Zeichens auch mitverantwortlich für die Errichtung der Federal Reserve. Auch davon erfahren Sie wenig in den Massenverblödungsmedien, deren schädlicher Einfluss in einer PRG praktisch verschwinden würde:

Das Ende der Lügenpresse

Unter dem Vorwand, „Hate Speech“ zu bekämpfen, versucht der Staat es alternativen Medien so schwer wie möglich zu machen. Speziell in Deutschland hofieren die Staatssender mit zwangseingetriebenen GEZ-Milliarden die „Qualitätsmedien“ und verunglimpfen die alternativen Konkurrenten als „Fake News“. Dass die Geheimdienste die Medien unterwandern, ist auch eine längst bewiesene Tatsache[129]. Alternative Medien hätten es ohne Staat also leichter. Es gäbe auch kein Fiat Money System, mit Hilfe dessen sich große Banken bei Medien einkaufen könnten. Aber selbst wenn alle Gruppen, die heute die Medien kontrollieren, dies auch in einer PRG täten, wären die Auswirkungen gering.

Beispielsweise könnten die großen Medien nach wie vor pausenlos Klimapropaganda verbreiten, aber niemand könnte Sie zwingen, teuren Strom aus Windmühlen zu kaufen. Da es keine Politik gibt, bliebe auch den großen Medien nichts anderes übrig, als über Verbraucherschutz, also die Qualität von Unternehmen zu berichten. Wenn da etwas geschönt wird, fällt es sehr schnell auf. Es gäbe ja unzählige Konkurrenten und unabhängige Testunternehmen, die die Qualität von Produkten prüfen, ähnlich wie es heute schon der Fall ist, nur dass ohne Staat solche Testunternehmen natürlich noch viel gefragter wären. Damit erhöht sich auch bei ihnen der Konkurrenzdruck und die Qualität im Vergleich zu heute.

Überlegen Sie sich einfach, was Ihnen die Medien in Zukunft groß erzählen wollen, was konkret ihr Leben beeinflusst? Heute versuchen die Medien, Sie zu beeinflussen, eine bestimmte Partei (aus dem Parteienkartell) zu wählen oder nicht zu wählen (wenn sie nicht dem Kartell angehört). Wer am Ende gewinnt, herrscht über alle. Das ist in einer PRG aber gar nicht die Frage. Jeder kann sich selbst auswählen, wer seine Interessen vertritt, und macht es der Anbieter nicht gut, wechselt der Kunde eben. Die Interessen der Leser nimmt immer ein frei gewähltes Unternehmen wahr, das auch gleichzeitig die Interessen Millionen Anderer vertritt.

Die Medien könnten Ihnen auch Tag und Nacht einreden, es gäbe keinen Unterschied zwischen den Geschlechtern, oder irgendwelche Randgruppen würden ganz schrecklich diskriminiert. Es hätte keine Auswirkungen, weil Sie selber entscheiden, mit wem sie Umgang pflegen oder ob Sie als Wirt eine Toilette für die 0,01 Prozent der Bevölkerung einbauen, die nicht weiß, ob sie Männlein oder Weiblein ist. Eine PRG bedeutet gleichzeitig auch das Ende aller Ideologien. Sie würden ohnehin nicht staatlich gefördert, weil es keine staatlichen Unis gäbe. Aber wenn durchgeknallte Milliardäre trotzdem noch solche Märchen verbreiten wollten, bliebe dies ein ungefährliches Hobby, das keinerlei Auswirkungen auf Ihr Leben hätte.

Der Minimalstaatler, die seltsamste Spezies auf diesem Planeten

Die seltsamste Spezies unter den Gesellschaftstheoretikern sind jene Individuen, die den Staat zwar auf ein Minimum reduzieren, ihn aber nicht ganz abschaffen wollen. Während es nicht verwunderlich ist, dass der Sozialist einen Staat haben will, weil er keinerlei Ahnung von Ökonomie hat, weiß der Minimalstaatler bereits um die Vorteile einer freien Marktwirtschaft.

Er will den Staat genau aus jenem Grund auf ein Minimum reduzieren, weil der Markt besser dafür geeignet ist, Ressourcen effizient zu verteilen. Aber warum sollten die ökonomischen Gesetze ausgerechnet bei einem so wichtigen Gut wie Sicherheit nicht gelten? Selbst wenn der Minimalstaatler die Aufgaben des Staates auf den Schutz der Eigentumsrechte beschränken will, wie viele Ressourcen will er dafür zur Verfügung stellen? Es gibt keine Marktpreise. Soll die halbe Bevölkerung bei der Polizei arbeiten oder nur zehn Prozent?

Der Minimalstaatler leugnet außerdem ein ehernes Gesetz menschlichen Handelns: Menschen suchen ihren eigenen Vorteil, also wollen jene, die Macht besitzen, noch mehr Macht. Deshalb dehnt sich jeder Staat aus. Selbst die USA, die die freiheitlichste Verfassung aufweisen, die es je gab, sind heute ein übergriffiger und außenpolitisch aggressiver Polizeistaat.

Selbst ein Minimalstaatler wie Roland Baader gab an verschiedenen Stellen zu, dass die Anhänger einer Privatrechtsordnung die besseren Argumente hätten. Seine Einstellung entspräche mehr einem Bauchgefühl. Die Ablehnung der Anarchie hat nach meiner Meinung tatsächlich mit einem der stärksten Gefühle überhaupt zu tun: der Angst vor dem Unbekannten.

Das ist ganz natürlich. Das Unbekannte sowie der Fremde bergen immer höhere Risiken. Die meisten haben also nur Angst, weil es derzeit eben nirgends eine PRG gibt und niemand sie live erlebt hat. Auch der Hinweis auf zahlreiche Beispiele historischer Privatrechtsordnungen, die ich in einem anderen Buch beschreiben werde, befriedigt die meisten nicht. Sie argumentieren nicht zu Unrecht, dass niemand genau wisse, ob sie wirklich so gut funktioniert hätten, wie libertäre Historiker sie beschreiben.

Ich kann diese Leute aber beruhigen. Eine Privatrechtsordnung ist nichts anderes als ein freier Markt. Und Märkte existieren überall auf der Welt. Schwarzmärkte gibt es zum Beispiel überall, sogar in kommunistischen Staaten. Selbst im vom Staat am einfachsten zu überwachenden Ort, im Gefängnis, gibt es einen Drogenmarkt. Natürlich sind diese Märkte weniger effizient, weil durch das Verbot das Risiko und damit der Preis steigt, während die Qualität im Vergleich zum erlaubten Markt schlechter ist. Ein Drogenkäufer kann zum Beispiel seinen Händler nicht wegen schlechter Waren verklagen, weil er dazu zum Staat müsste. Daher gibt es häufiger verunreinigte Drogen, was der Hauptgrund für die meisten Drogentoten ist. Aber letztendlich erledigt der Markt seinen Job: Er bringt Angebot und Nachfrage zusammen.

Während also überall auf der Welt zu allen Zeiten Märkte funktionieren, gab es nirgends auf der Welt zu keiner Zeit je einen Staat der funktioniert hätte und nicht irgendwann untergegangen wäre. Die heute existierenden Staaten sind alle relativ jung und die Auflösungserscheinungen sind für jedermann offensichtlich. Entweder gehen sie erst einmal in einer größeren supranationalen Struktur auf oder sie verfallen wieder in kleinere Einzelteile, aber sie bleiben nicht stabil. Der Markt bleibt immer der Markt.

Demokratie, der Gott, der keiner ist

Demokratie, der Gott, der keiner ist[130]

Eigentlich sollten Sie bereits jetzt alle Illusionen über die Demokratie verloren haben. Aber es ist schon eine schwere Sache, etwas aufzugeben, an das man sein ganzes Leben lang geglaubt hat. Daher liefere ich Ihnen hier noch meine Entzauberung der wichtigsten Demokratie-Mythen aus meinem Buch „Die Vereinigten Staaten von Europa“. Das entscheidende Gleichnis ist für mich dieses:

Stellen Sie sich vor, Sie steigen in einen Bus und würden dann anfangen mit den anderen Insassen darüber zu debattieren, wo die Reise hingehen soll. Nach endlosen Debatten stimmen sie über das Ziel ab. Die Mehrheit entscheidet. Letztendlich wären aber fast alle unglücklich, außer dem einen, der vielleicht genau an dem Ziel ankommt, das er angestrebt hat.

Besser wäre es natürlich, jeder wählt einfach den Bus aus, der genau an sein Ziel führt. Das ist die Privatrechtsordnung. Der gemeinsame Bus ist der Staat. Staat bedeutet endlose Debatten und unzufriedene Passagiere. Anarchie bedeutet gar keine Debatten, sondern konfliktfreie Wahl.

Der Staat ist institutionalisierter Konflikt. Anarchie ist Harmonie. Der Staat ist Chaos. Anarchie ist Ordnung. Wundert es Sie, warum Ihnen der Staat genau das Gegenteil erzählt?

Die Analogie taucht auch noch kurz in den folgenden Passagen aus meinem Buch auf. Die Quellen habe ich entfernt, sie sind aber natürlich im Buch:

Wenn es eines gibt, über das sich (fast) alle Menschen im Westen einig sind, dann, dass die Demokratie die beste aller

Gesellschaftsformen ist. Auf den Punkt gebracht hat diese Einstellung Winston Churchill:

Demokratie ist die schlechteste aller Regierungsformen, mit Ausnahme von all den anderen, die ausprobiert worden sind.

Das ist ziemlich genau das, was die meisten denken. Viele hadern mit der real existierenden Politik, denken aber, zur Demokratie gäbe es keine Alternative. Wir haben bereits gesehen, dass mit der Privatrechtsgesellschaft eine Alternative besteht, bloß kennen sie nur wenige. Da der Mythos Demokratie so weit verbreitet ist, will ich etwas ausführlicher auf ihn eingehen, auch weil uns die Europäische Union zunehmend damit schmackhaft gemacht werden soll, dass man sie nur „demokratischer" gestalten müsse und alles wäre in bester Ordnung. Tatsächlich ist die EU äußerst undemokratisch organisiert; selbst wenn man sie „demokratisieren" würde, würde das keines der Probleme lösen.

Die niederländischen Autoren Frank Karsten und Karel Beckman haben in ihrem hervorragenden Buch „Wenn die Demokratie zusammenbricht"[131] die größten Demokratie-Mythen zusammengestellt; daran lehne ich mich im Folgenden an, empfehle aber das ganze Buch zu lesen.

Das wichtigste Element in der Propaganda ist die ständige Wiederholung. Wir hören jeden Tag das hohe Lied auf die Demokratie, sodass schon einiger Aufwand nötig ist, um sich von dieser Propaganda frei zu machen.

Mythos 1: Jede Stimme zählt

Dieser Mythos ist schnell widerlegt. Sie sind in Deutschland einer von 60 Millionen Wahlberechtigten. Sie können also ziemlich genau ausrechnen, wie viel Ihre Stimme zählt: ein Sechzigmillionstel. Stellen Sie sich vor, Sie hätten zu einem

Sechzigmillionstel darauf Einfluss, was Sie morgen anziehen. Sie sähen aus wie der Wolpertinger. Die Autoren schreiben daher zu Recht:

Wählen bedeutet die Illusion des Einflusses im Austausch gegen den Verlust der Freiheit.

Mythos 2: In einer Demokratie herrscht das Volk

Karsten/Beckman zitieren einen niederländischen Komiker, der es einmal so auf den Punkt gebracht hat:

Demokratie ist der Wille des Volkes. Jeden Morgen lese ich mit Überraschung in der Zeitung, was ich will.

Natürlich gibt es so etwas wie den Volkswillen nicht. Der eine will dies, der andere das. Ein weiterer Widerspruch ist das Argument, die Parteien wären nötig, weil die Menschen nicht die Sachkenntnisse besäßen, um komplizierte wirtschaftliche Entscheidungen zu treffen. Wie sollen sie dann aber die Wahlprogramme der Parteien verstehen, die ohnehin keiner liest? Besitzen Politiker ein geheimes Wundermittel, das ihnen unerschöpfliche Weisheit verleiht? Wie kommt es dann, dass die Konzepte der Parteien unterschiedlich sind (unterschiedlich in der Methodik des Raubes)?

Die Realität sieht so aus, dass die Parteien das machen, was ihre jeweilig nahestehenden Lobbyisten wollen. Bei den Linken sind das die Gewerkschaften, die sich hauptsächlich über Weiterbildungsunternehmen die Taschen füllen und Sonderrechte genießen, bei den Grünen die Anbieter „erneuerbarer Energien" und bei den Rechten vielleicht mal ein Stahl- oder Autokonzern, dem mit Subventionen geholfen wird. Die FDP schützt die Apotheker vor Wettbewerb oder senkt Steuern für Hoteliers statt für jeden.

Alle Parteien zusammen führen der Versicherungsbranche über Schnapsideen wie Riester- oder Rürup-Rente Kunden zu, die dem Staat dann die wertlosen Anleihen abkaufen. An der Zentralbank, dem staatlich installierten Kartell der Großbanken, halten ebenfalls alle Parteien fest. Zum Nutzen des „Volkes" ist natürlich gar nichts davon. Den Bürgern wäre am meisten geholfen, wenn man ihnen ihr eigenes Geld ließe, um sich jede Leistung selbst einkaufen zu können.

Mythos 3: Die Mehrheit hat recht

Das ist wohl einer der seltsamsten und zugleich verbreitetsten Irrtümer. Erstens schwanken Mehrheiten ganz offensichtlich. Mal regiert Rot, mal Schwarz. Wie kann die Mehrheit in beiden Fällen recht haben? Karsten/Beckman zitieren sehr treffend den britischen Politiker und Schriftsteller Auberon Herbert über Logik und Moral der Demokratie:

Fünf Männer befinden sich in einem Raum. Haben, weil drei Männer einen Standpunkt einnehmen und zwei einen anderen, die drei Männer irgendein moralisches Recht, den anderen zwei Männern ihren Standpunkt aufzuzwingen? Welche magische Kraft kommt über die drei Männer, dass sie, weil sie einer mehr sind als die zwei Männer, plötzlich Besitzer von Geist und Körper dieser anderen werden? Solange sie zwei gegen zwei waren, dürfen wir annehmen, dass jeder Mann Herr seines eigenen Geistes und Körpers blieb; aber von dem Moment an, in dem ein weiterer Mann – der Himmel weiß, aus welchen Motiven heraus handelnd – sich der einen oder der anderen Partei angeschlossen hatte, ist diese Partei schnurstracks in den Besitz der Seelen und Körper der anderen Partei gelangt. Hat es jemals einen so erniedrigenden Aberglauben gegeben? Ist er nicht der direkte Nachkomme des alten Aberglaubens über Kaiser und Hohepriester und ihre Autorität über die Seelen und Körper der Menschen?

Mythos 4: Demokratie ist politisch neutral

Da theoretisch jede Partei gewählt werden kann, entsteht der Eindruck, jede Partei, jede Ideologie hätte dieselbe Chance. Tatsächlich ist es aber so, dass die Demokratie an sich schon eine Ideologie darstellt, nämlich die Idee, dass wir alles gemeinsam zu entscheiden haben. Die Demokratie ist also per definitionem eine kollektivistische Idee. Karsten/Beckman schreiben:

Es gibt grundsätzlich keine Grenzen der Kollektivierung. Wenn die Mehrheit (oder vielmehr die Regierung) es will, kann sie entscheiden, dass wir alle einen Harnisch tragen müssen, wenn wir über die Straßen gehen, weil es sicherer ist. Oder wir uns alle als Clowns verkleiden müssen, weil es die Leute zum Lachen bringt. Keine individuelle Freiheit ist heilig.

Laut dem britischen Wirtschaftsmagazin The Economist vom 17. März 2011 sind die Staatsausgaben in den westlichen Demokratien Europas und den USA seit 1870 von 10 auf knapp 50 Prozent gestiegen – und zwar durchgehend. Selbst Schweden lag 1870 noch bei 5,7 Prozent und sogar die angeblich so freien USA weisen mittlerweile 43 Prozent auf. Und das sind nur die offiziellen Quoten.

In Wirklichkeit regiert der Staat inzwischen in fast jedes Geschäft hinein, was aber nicht in der Staatsquote zum Ausdruck kommt. Beispielsweise waren 80 Jahre lang in Deutschland entlang von Bahnlinien Busrouten verboten. Dies wurde Anfang 2013 – oh Wunder – von der Koalition gelockert, so dass jetzt Fernbusverkehr zwischen den Städten erlaubt ist, mit der Folge, dass die Preise dramatisch sinken. SPD-Kanzlerkandidat Peer Steinbrück fällt nichts Besseres ein, als vor zu niedrigen (!) Preisen zu warnen: Vor allem im Städtetourismus können »Dumpingpreise« dafür sorgen, dass statt der Pauschalreise der Fernlinienbus gewählt wird.

Von solchen klitzekleinen Ausnahmen abgesehen, ist der Trend zu mehr Regulierung aber ungebrochen. Die EU ist dabei der Meister des Irrsinns. Eine Verordnung zur Länge einer Schnullerschnur (sic!) umfasst 52 Seiten (DIN EN 12586) und damit mehr Wörter als das Grundgesetz. Gerade als ich dies schreibe, kommt die Nachricht, dass die EU plant, Olivenöl – im Übrigen ein natürliches Konservierungsmittel – in offenen Karaffen auf den Restauranttischen zu verbieten. Gott sei Dank! Millionen von Menschen vor dem Olivenöl-Tod bewahrt!

Tausende solcher aberwitzigen Gesetze mit Abertausenden von Seiten und Hunderttausenden von Wörtern werden jedes Jahr neu erlassen. Die amerikanischen Bundesgesetze enthalten inzwischen 3,8 Millionen Wörter. Die Zehn Gebote und die amerikanische Unabhängigkeitserklärung kamen noch mit knapp 300 Wörtern aus. Und im Grunde reichen drei von den Zehn Geboten (nicht töten/verletzen, stehlen, lügen/betrügen). Jedes einzelne Gesetz nimmt Menschen die Freiheit, freiwillig miteinander eine Vereinbarung zu treffen. Karsten/Beckman kommen daher zu dem Schluss:

Tatsächlich ist Demokratie im Wesentlichen eine totalitäre Ideologie, wenn auch nicht so extrem wie Nazismus, Faschismus oder Kommunismus.

Sie führt jedoch schnurstracks dorthin, möchte ich hinzufügen.

Mythos 5: Demokratie führt zu Wohlstand

Viele Menschen denken, wir hätten unseren Wohlstand der Demokratie zu verdanken. Politiker schüren diese These. Auch der EU wird ständig zugeschrieben, sie hätte irgendeinen Anteil an dem von den Bürgern erarbeiteten Reichtum. Das Gegenteil ist richtig. Den deutschen Wohlstand beispielsweise haben wir einzig und allein dem glücklichen Umstand zu verdanken, dass Ludwig Erhard eine relativ freie Marktwirtschaft in Deutschland eingeführt hat. Es gibt genügend nicht demokratische Staaten wie Singapur, Monaco oder Liechtenstein, die wesentlich erfolgreicher sind als Deutschland. Der einzig wichtige Faktor ist, inwiefern individuelle Rechte, vor allem das Eigentumsrecht, geschützt werden.

Der Vorteil einer Marktwirtschaft mit sicheren Eigentumsrechten und freien Verträgen für die Schwachen lässt sich nicht nur logisch, sondern auch empirisch belegen. So zeigt der jährliche Economic Freedom Report des Fraser Institute[132] (Anmerkung: Die Zahlen beziehen sich auf einen älteren Report, die relativen Zahlen haben sich aber nicht groß geändert), dass in den Ländern mit der höchsten wirtschaftlichen Freiheit der Durchschnittsbürger 6,9-mal so viel verdient wie in den Ländern mit der niedrigsten wirtschaftlichen Freiheit. Die jeweils ärmsten 10 Prozent verdienen aber 8,2-mal so viel wie die Ärmsten in den Ländern mit der niedrigsten Freiheit.

Die jeweils Reichsten sind leider nicht ausgewiesen, aber das ist auch nicht relevant (sie müssten noch weniger profitieren, weil ja der Durchschnitt schon unter dem Wert für die Ärmsten liegt). Wichtig ist doch, dass die Ärmsten 8-mal so viel verdienen wie die Ärmsten in den Länder mit der größten Regulierung und sogar doppelt so viel wie die Durchschnittsbürger in den Ländern mit geringerer Freiheit (8.735 Dollar gegenüber 4.545 Dollar).

Hinzu kommt, dass in den Ländern mit der höchsten wirtschaftlichen Freiheit die Lebenserwartung und die Qualität der Bildung höher sind, die Gesundheitsversorgung besser und die Anzahl der Armen geringer. Wie die Einzelanalyse zeigt, ist auch die Qualität des Gesundheitswesens und der Bildung dort höher, wo es am wenigsten staatliche Eingriffe in genau diese Bereiche gibt. Das lässt sich zwar nicht zusammenfassen, weil die einzelnen Modelle zu unterschiedlich sind, aber es liegt auf der Hand, dass auch in diesen Bereichen der Wettbewerb und die (freiwillige) Arbeitsteilung bessere Ergebnisse liefern. Zumal die Menschen das Dreifache zur Verfügung hätten, um sich den besten Anbieter aussuchen zu können. Was passiert, wenn sich der Staat dieser Bereiche annimmt? Um es mit einem Wort von Ron Paul in den letzten Präsidentschaftsdebatten zu sagen: „Prices go up. Quality goes down."

Jedes neue Gesetz der EU oder der deutschen Regierung schränkt die individuelle Freiheit ein und sorgt damit für die Vernichtung von Wohlstand und nicht dessen Vermehrung. Da, wie gezeigt, sich in Demokratien der Staat immer weiter ausdehnt, ist also das Gegenteil dessen richtig, was viele Menschen glauben. Die Demokratie schafft keinen Wohlstand, sie vernichtet ihn. Demokratie ist nicht die Lösung des Problems, sie ist das Problem.

Frank Karsten hat den Mechanismus auch in einem Gastbeitrag für die Partei der Vernunft sehr schön so beschrieben:

Demokratie ist wie Essengehen mit hundert Menschen, die zuvor entschieden haben, die Rechnung gleichmäßig zu teilen. Bestellt jemand ein köstliches Dessert für zehn Euro, dann bezahlt er nur zehn Cent und die anderen den Rest. Weil jeder den gleichen Anreiz verspürt, steigen die gemeinsamen Schulden bald stark an, viel höher, als wenn jeder für sich selbst bezahlen würde.

In einer Demokratie versuchen alle Wähler, ihre persönlichen Ziele auf die gemeinsame Rechnung zu setzen. Rentenempfänger wählen höhere Renten, Eltern „gratis" Schulbücher, Bauern noch mehr Agrarsubventionen, und so weiter. Jeder versucht auf Kosten der anderen zu gewinnen, aber jeder verliert, wie die Gäste im obigen Beispiel. Der Politiker, der am meisten verspricht, egal wie unrealistisch es ist, gewinnt in der Regel die Wahlen.

Mythos 6: Die Demokratie ist notwendig, um eine faire Verteilung des Wohlstands zu gewährleisten und den Armen zu helfen

Wie im vorangegangenen Abschnitt gezeigt, geht es den Armen umso besser, je weniger der Staat eingreift. Demokratien sind extrem anfällig für Lobbyismus. Lobbyierende Unternehmen sind die Hauptprofiteure der Umverteilung. So kam eine Studie einer niederländischen Behörde (!) von 2011 zu dem Schluss, dass die höheren Einkommensgruppen am meisten von staatlichen Zuwendungen profitieren. Zwei Fünftel des EU-Haushaltes werden beispielsweise für Agrarsubventionen ausgegeben. Zu den größten Empfängern dieser Subventionen gehören Lebensmittelkonzerne und sogar Energieversorger wie RWE oder die Fluggesellschaft Lufthansa! RWE erhielt sie, weil der Konzern für den Braunkohleabbau Agrarfläche ankaufte, und die Lufthansa bekam sie für Zucker und Milch, die sie den Fluggästen angeboten hat.

Wenn den Menschen mehr Geld übrig bleibt, bekommen karitative Vereinigungen auch mehr Mittel. Sie wissen besser als irgendwelche Bürokraten, wer die Hilfe tatsächlich nötig hat. Wird ruchbar, dass eine Wohltätigkeitsorganisation Schindluder betreibt, kann man von heute auf morgen einer anderen Organisation spenden. Inzwischen gibt es sogar Ratingagenturen, die bewerten, wie viel Spendengeld der jeweiligen Organisation tatsächlich bei den Bedürftigen ankommt. Dass solche Gelder zu irgendwelchen Konzernen fließen, ist äußerst unwahrscheinlich, und wenn doch, bedeutet es das Ende der jeweiligen Organisation, sobald es bekannt wird. Der Staat hingegen bleibt immer da. Nur die Marionetten der Konzerne werden ausgewechselt.

Mythos 7: Die Demokratie ist notwendig für ein harmonisches Zusammenleben

Wie Hans-Hermann Hoppe gezeigt hat, erzeugt der Staat regelmäßig Konflikte, statt sie zu vermeiden. Karsten/Beckman warten dazu noch mit zwei anschaulichen Beispielen auf:

Angenommen, wir würden demokratisch entscheiden, wie viel und welches Brot jeden Tag gebacken wird. Dies würde zu endlosem Lobbyismus, Kampagnen, Gezänk, Versammlungen und Protesten führen ... Demokratie ist wie ein Bus voll mit Leuten, die zusammen entscheiden müssen, wohin der Fahrer fährt. Die Progressiven stimmen für San Francisco, die Konservativen bevorzugen Dallas, die Libertären (und ich; Anm. OJ) wollen nach Las Vegas, die Grünen (und ich; Anm. OJ) wollen nach Woodstock und die übrigen in tausend andere Richtungen.

Wer jemals eine politische Diskussion geführt hat, weiß, wie schnell diese emotional werden kann. Demokratie ist Konflikt. Marktwirtschaft ist Kooperation. Wenn sich jeder freiwillig für eine Leistung entscheidet, muss sich niemand mit jemandem streiten. Sie geraten bei schlechter Leistung höchstens in Konflikt mit Ihrem Anbieter, den Sie im Zweifel einfach wechseln können. Niemals aber werden Sie mit anderen Kunden streiten – vom Sommerschlussverkauf mal abgesehen. Wahrscheinlich wurde der deshalb von der Politik verboten ...

Mythos 8: Demokratie ist unverzichtbar für ein Gemeinschaftsgefühl

Man schaue nach Griechenland und Spanien. Erzwungene Gemeinschaft ist keine Gemeinschaft, sondern ein Gefängnis. Wie erläutert, schürt die Demokratie Konflikte, statt sie zu vermeiden. Nur das freiwillige Zusammensein erzeugt ein

Gemeinschaftsgefühl, wie jeder anhand seines persönlichen Lebens nachprüfen kann. So mancher mag das schon erlebt haben, wenn er durch die Umstände »gezwungen« wurde, bei einem Fußballspiel im gegnerischen Fanblock zu sitzen, oder die Eltern ihn zum Verwandtenbesuch bei Tante Else genötigt haben.

Mythos 9: Demokratie ist das Gleiche wie Freiheit und Toleranz

Zugegeben, Freiheit und Toleranz sind in Demokratien ausgeprägter als in böswilligen Diktaturen. Doch es gibt und gab sie auch in Monarchien. In einer Privatrechtsgesellschaft wären diese Werte sakrosankt. In Demokratien wird die Freiheit immer mehr beschnitten, und wie sehr die Toleranz nachlässt, kann, glaube ich, jeder sehr gut anhand der heutigen Realität nachvollziehen. Aristoteles schrieb vor über 2.000 Jahren: Unbeschränkte Demokratie ist, genauso wie die Oligarchie, eine auf eine große Gruppe von Menschen ausgedehnte Tyrannei. Die kleinste Minderheit ist das Individuum. Und das hat keine Freiheit, wenn es von einer echten oder theoretischen Mehrheit abhängt.

Mythos 10: Demokratie fördert den Frieden und hilft, Korruption zu bekämpfen

Die mit weitem Abstand meisten Kriege haben in den vergangenen 100 Jahren die demokratischen USA begonnen. Sie sind sogar der einzige Staat, der jemals Atomwaffen eingesetzt hat. Trotzdem gelten unzählige andere Länder, die diese Waffen nicht einmal besitzen, als Schurkenstaaten. Das heißt natürlich nicht, dass in diesen Ländern alles zum Besten steht, ganz im Gegenteil. Aber offensichtlich ist Demokratie kein Garant für Frieden.

In der angeblich so friedlichen EU herrschen aufgrund der

vom staatlichen und demokratisch beschlossenen Geldsystem erzeugten Krise teilweise bürgerkriegsähnliche Zustände – und das Schlimmste steht uns noch bevor. Sogar die Todesstrafe wurde durch eine Hintertür im Vertrag von Lissabon bereits eingeführt, allerdings ohne dass die Massenmedien als Teil des politisch-medialen Komplexes dies aufgegriffen hätten. Man sieht also, dass es auch in einer Demokratie, die angeblich eine offene Gesellschaft darstellt, möglich ist, solche Dinge einfach zu verheimlichen. Ohne das Internet wüsste praktisch überhaupt niemand davon.

Eine Variante des Mythos besagt, Demokratien führten keine Kriege gegeneinander, aber auch das stimmt nicht. Seit es die NATO gibt, haben deren Mitglieder keine Kriege miteinander geführt. Das hat aber wenig damit zu tun, dass es Demokratien sind, sondern eben mit dem gemeinsamen Bündnis. Im Gegenteil: Monarchen haben bis zum 18. Jahrhundert Söldnertruppen engagiert, während viele Demokratien die Wehrpflicht eingeführt haben, wovon die Zivilbevölkerung weitaus stärker betroffen ist. Und dass demokratische Politiker nicht korrupt sein sollen, muss wohl nicht weiter kommentiert werden. Es heißt nur nicht Korruption, sondern beschönigend Lobbyismus.

Mythos 11: Es gibt keine bessere Alternative

Dass mit der Privatrechtsgesellschaft eine Alternative besteht, wissen Sie schon. Ich will aber noch einmal darauf eingehen, was uns jetzt in der offensichtlichen Krise der Demokratie als Alternative geboten wird, nämlich »Mehr Demokratie!« oder »Echte Demokratie jetzt!«. Es gibt tatsächlich Initiativen, die so heißen. Einen intoleranteren Haufen als diese Gruppierungen müssen Sie lange suchen. Wenn Sie dort als Libertärer in einem Forum auftauchen, werden Sie schneller wieder rausgeschmissen, als Sie »Autobahn« sagen können. Es handelt sich häufig um Linksextremisten, die ausgerechnet einen Libertären für rechts halten, nur weil er nicht links ist.

Mehr Demokratie ist eine Illusion. Mehr Demokratie heißt definitionsgemäß mehr Kollektivismus, also weniger individuelle Freiheit. Entsprechend lesen sich die Vorstellungen dieser Gruppen. Zum Beispiel die Forderung nach einem „bedingungslosen Grundeinkommen“ (BGE). Das heißt, man nimmt Menschen, die arbeiten, Geld weg und gibt es anderen, die nicht arbeiten. Letztere müssen dafür noch nicht einmal Gründe angeben oder in Not sein. Das ist ein Ergebnis jahrzehntelanger Gehirnwäsche durch den Staat. Die Leute denken tatsächlich, sie hätten ein Recht darauf, bedingungslos von anderen finanziert zu werden. Eine völlige Perversion des Solidaritätsgedankens – abgesehen davon, dass es ökonomisch unsinnig[133] ist.

Am einfachsten beenden Sie eine Diskussion zu diesem Thema mit der Frage: Warum zahlte Götz Werner, Gründer der dm-Drogeriemarktkette und prominenter BGE-Propagandist, seinen Angestellten nicht einfach 1000 Euro im Monat und stellte ihnen frei, ob sie zur Arbeit kommen? Schon der Begriff ist ein Musterbeispiel für Orwell'sches Neusprech: BGE ist weder bedingungslos noch ein Einkommen. Ein Einkommen ist definitionsgemäß etwas, das man für eine Leistung bekommt. Und die Bedingung ist, dass das Geld jemand anderem weggenommen wird.

Worüber sich noch diskutieren ließe, wäre mehr direkte Demokratie. Diese kann oft das Schlimmste verhindern. Beispielsweise hätten die Menschen nie dem Vertrag von Lissabon oder dem Euro (oder der Masseneinwanderung) zugestimmt. Allerdings zeigt beispielsweise die Schweiz auch die Schattenseiten der direkten Demokratie. So wurden dort per Volksabstimmung Minarette verboten, obwohl es selbstverständlich eine Sache der Eigentümer wäre, was sie auf ihrem Grundstück bauen, solange damit keine Lärmbelästigung durch einen laut zum Gebet rufenden Muezzin einhergeht. Auch Mindestlöhne (von 22 Schweizer Franken = 22 Euro!) sollen dort zur

Abstimmung kommen, demnächst das Grundeinkommen.

Der Vorteil der Schweiz liegt weniger in der direkten Demokratie als in der Dezentralisierung. Durch die Konkurrenz zwischen den Kantonen können die Menschen mit den Füßen abstimmen und einfach wegziehen, wenn es ihnen zu bunt wird. Mehr Rechte für die Kommunen, vor allem Steuer- und Abgabenhoheit, wären auch für Deutschland eine gute Lösung. Sobald die Staatsorgane oder die Mitbürger über Abstimmungen zu aufdringlich oder ausbeuterisch werden, könnte man in eine andere Stadt oder Gemeinde ziehen, ohne gleich Land, Kultur, Sprache, Familie und Freunde komplett verlassen zu müssen. Das diszipliniert ungemein, wenn die Produktiven die Gemeinde jederzeit verlassen können.

Da es eher unwahrscheinlich ist, dass sich die Staaten über Nacht selbst abschaffen, ist daher konsequente Dezentralisierung die wichtigste politische Forderung. Das verstehen auch die meisten Menschen, ohne Kenntnisse in Ökonomie haben zu müssen. Der Slogan ist einfach: Dort, wo die Probleme anfallen, sollen sie auch gelöst werden. Punkt.

Es gibt weltweit einen Trend zu Sezessionen. Regionen wollen wieder selbstständig werden. Einmal, weil sie die Orders aus der Zentrale satthaben, und zum zweiten aus ökonomischen Zwängen heraus. Ethnische Gründe sind meist nur die emotionale Begründung, letztendlich geht es um den Geldbeutel. Ein Gebiet, das sich abtrennt, haftet nicht mehr für die Schulden der Zentrale oder der Nachbarn. München (siehe mein Plan M[134]) oder Bayern könnten sich so über Nacht der Euroschulden oder des Finanzausgleichs entledigen. Wenn sich die Wirtschaftskrise verschärft, wird es ohnehin dazu kommen. Völkerrechtlich kann sich jede Region für selbstständig erklären. Theoretisch kann das auch ein Individuum, nur dass die Staatsmacht das wenig beeindruckt.

Die soziale Frage

Aber wie können die Bürger ohne den Staat vorsorgen? Dazu zunächst ein Text aus „Die Vereinigten Staaten von Europa“:

Die meisten Risiken sind privat versicherbar. Und zwar wesentlich billiger als heute. Die sogenannten privaten Krankenkassen sind von vorne bis hinten durchreguliert. Sie dürfen nur bezahlen, was ihnen die Pharma-Lobby über die Zulassungsbehörden vorschreiben. Die gesetzlichen Kassen werden quersubventioniert. Selbst unter diesen schlechten Umständen gibt es private Kassen, bei denen man sich mit 100 Euro im Monat versichern kann, bei entsprechend hoher Selbstbeteiligung von etwa 3.000 Euro. Diese können Sie sich aber leisten, wenn Sie viel mehr netto verdienen. Wichtig ist ja nur, dass Sie für die schweren Fälle abgesichert sind.

Eine Versicherung gegen Vollinvalidität kostet beispielsweise weniger als 10 Euro im Monat. Nicht der Staat würde Medikamente zulassen, deren Überprüfung durch den Pharmakonzern selbst bezahlt wird, womit das Ergebnis von vornherein feststeht. Private Krankenversicherer würden anhand eigener Prüfungen und vor allem der Auswertung ihrer Patientendaten exakt sagen können, welches Medikament oder natürliche Heilmittel wirklich hilft und am günstigsten ist.

Ein gesunder, lang lebender Kunde liegt im Interesse der Versicherung, weil die Kosten dann gering sind und er möglichst lange Prämien zahlt. Heute müssen sich die Versicherer an die Vorgaben des von Lobbyisten beeinflussten Staates halten.

Das einzige Risiko, das schwer zu versichern ist, ist das der Arbeitslosigkeit. Höchstens den Gewerkschaften könnte man zutrauen, dass sie ein System etablieren, das von den

Mitgliedern freiwillig akzeptiert wird. Sie dürften Arbeitslose kaum zu beliebigen Ein-Euro-Jobs zwingen, könnten ihnen aber anbieten, für die Gewerkschaft zu arbeiten. Verweigert der Arbeitslose dies, weiß die Gewerkschaft sehr genau, dass es sich um einen notorischen Verweigerer handelt.

Tatsächlich haben Gewerkschaften in der Geschichte alle möglichen Versicherungsleistungen angeboten, bis ihnen der Staat – in Deutschland unter Führung Bismarcks – das Geschäft aus der Hand nahm, um Wählerstimmen zu gewinnen oder Lobbyinteressen zu wahren. Grundsätzlich sind aber Risiken, auf die man selber einen zu großen Einfluss hat, nicht versicherbar. Es gibt jedoch ein uraltes bewährtes Geheimrezept dagegen: Sparen! Spare in der Zeit, dann hast du in der Not! Ohne staatliche Zwangsabgaben hätten Sie nach drei Jahren so viel angespart, dass Sie zehn Jahre Arbeitslosigkeit überbrücken können. Dann schreibt Ihnen auch keiner vor, dass Sie Ein-Euro-Jobs annehmen müssen. Sie können in Ruhe die Angebote sortieren, von denen es in einer freien Marktwirtschaft ohnehin viel mehr gibt.

Wichtig: Wenn Sie selbst für Ihr Alter ansparen, sind Sie an keine Laufzeiten gebunden. Sie könnten zum Beispiel in Gold ansparen, dessen Wert durch den technischen Fortschritt ohnehin immer größer wird, entsprechend der Produktivitätssteigerung von etwa 3 Prozent im Jahr. Aus diesem Ersparten könnten Sie dann das Geld für die Selbstbeteiligung bei der Krankenkasse oder die Überbrückung von kurzzeitiger Sucharbeitslosigkeit entnehmen. Natürlich fehlt Ihnen das dann für das Alter, aber in einer freien Marktwirtschaft ist die Sucharbeitslosigkeit sehr kurz. Sie beträgt in der Regel wenige Wochen. Das wirkt sich nicht groß auf Ihre Endansparsumme für das Alter aus. In meinem Buch „Das Kapitalismus-Komplott" errechne ich, dass eine ungelernte Putzfrau mit einem Stundenlohn von 10 Euro im Alter Millionärin wäre.

Einen Fall gilt es noch zu klären: Was ist mit einem Jugendlichen, der ins Berufsleben eintreten will, aber keinen Job findet? Er hat ja kein Geld, um sich abzusichern. Ganz einfach: Er wohnt wie die 18 Jahre zuvor bei seinen Eltern und die zahlen weiterhin seine Versicherungen, bis er eben eine Arbeit findet. Die Eltern wissen auch besser als die anonyme „Gesellschaft" der Steuerzahler, ob der Sprössling eine faule Socke ist oder einfach nur Pech bei der Jobsuche hat. Die Eltern sind es auch, die die Kinder gegen Behinderung, chronische Krankheiten oder Arbeitsunfähigkeit absichern. Die Risiken sind zur Geburt gering und kosten nur wenige Euro im Monat.

Um diejenigen, die dann trotzdem noch in Not geraten, kümmern sich zahlreiche karitative Einrichtungen wie die Kirchen. Das glauben die Staatsjünger zwar nicht, aber zur Natur des Menschen gehört auch, dass er sozial ist, sonst würden sie auch nicht so leicht auf die angeblich „sozialen" Parteien hereinfallen. Jedes Jahr werden Milliarden gespendet; alleine für die Tsunami-Opfer spendeten Deutsche über 670 Millionen Euro. Selbstverständlich wäre es noch wesentlich mehr, wenn die Bürger mehr Geld in der Tasche hätten.

Soziale Verantwortung ist eine natürliche Begleiterscheinung einer Gesellschaft, die auf dem Prinzip der Gewaltlosigkeit und der Verantwortung beruht. Die Geschichte beweist dies ebenfalls.

Der größte Trick des Staates ist, die Bürger über das Geldsystem zu enteignen. Der zweitgrößte Trick ist, die Unternehmen zu Komplizen zu machen und sie die Steuern und Abgaben eintreiben zu lassen. Der psychologische Effekt dessen kann gar nicht hoch genug eingeschätzt werden. Im Durchschnitt zieht der Staat den Bürgern inzwischen 70 Prozent ihres Einkommens ab, während er aber für die Sicherheit seiner Bürger – Justiz und Verteidigung – nur drei Prozent des Bruttoinlandsprodukts ausgibt.

Der Bürger merkt das aber nicht. Sozialabgaben und Lohnsteuer gehen direkt vom Lohn ab. Die indirekten Steuern wie Mehrwertsteuer und Mineralölsteuer werden von den Händlern eingezogen. Um sich aus dieser psychologischen Falle zu befreien, machen Sie einfach einmal folgendes Gedankenexperiment: Nehmen Sie Ihr jetziges Monatsnettogehalt, multiplizieren Sie es mit drei und dann mit zwölf. Und jetzt stellen Sie sich vor, Sie müssten zwei Drittel dieser Summe am Ende des Jahres auf einen Schlag bezahlen. Bei einem Netto von 1.500 Euro im Monat wären das beispielsweise 36.000 Euro! Ich behaupte: Müssten die Bürger alle Steuern und Abgaben am Ende des Jahres auf einen Schlag bezahlen, hätten wir eine Revolution, und zwar noch vor morgen früh.

Armut ist im Wesentlichen ein Sozialstaatsphänomen. Der Staat schafft sich seine Nachfrage selbst. Früher gehörte es zum guten Ton, dass sich die Ehefrau - weil das Gehalt des Mannes reichte - ehrenamtlich engagierte. Es gab in den USA vor der gleichzeitigen Einführung der FED und der Einkommensteuer wahrscheinlich mehr ehrenamtlich tätige Frauen als Bedürftige. Da dies nicht das Hauptthema meines Buches ist, verweise ich hierzu auf die Österreichische Schule. Viele Autoren haben sich um dieses Thema gekümmert. Kostenlose Artikel und Bücher finden Sie vor allem beim Ludwig von Mises Institut in Deutschland[135] und Amerika[136].

Ich will mit einem Beispiel abschließen, das Sie sicherlich selber nachvollziehen können. Wenn ein Freund von Ihnen aus irgendeinem Grund seinen Job, Haus und Hof verlieren würde, würden Sie ihn dann einige Wochen bei sich aufnehmen, bis er wieder auf die Beine kommt? Ich denke, schon. In der Regel hat man ja auch mehrere Freunde und irgendeiner ist schon dazu bereit. Ich habe das bereits mehrere Male getan. Einmal nahm ich einen Freund auf, der aus seiner Wohnung geflogen war und gerade keine Arbeit hatte. Er versicherte mir, eifrig nach einem Job zu suchen, fand aber keinen. Das kam mir verdächtig vor, denn wir wohnten schließlich in München, einer Stadt mit einer sehr geringen Arbeitslosenquote. Eines Tages schnappte ich ihn mir und ging mit ihm über die Leopoldstraße, wo ich wohnte. Links und rechts zeigte ich ihm Aushänge, wo Jobs angeboten wurden. Er hatte bei jedem Job eine andere Ausrede, warum er sich nicht bewerben wollte. Natürlich handelte es sich nicht um Jobs als Schauspieler (sein eigentlicher Beruf, aber er war gerade ohne Dreh), TV-Moderator oder Multimilliardär, sondern um Kellner, Barkeeper, Verkäufer, Möbelpacker und so weiter.

Dann sagte ich zu ihm:

„Sieh mal, warum soll ich denn für Dich arbeiten, wo Du Dir zu fein bist, diese Jobs anzunehmen? Ich habe selber schon geputzt, im Lager gearbeitet oder Briefe sortiert. Warum soll ich akzeptieren, dass ich keine Mädels mehr mit nach Hause nehmen kann, weil Du bei mir auf der Couch rumlungerst?"

Letzteres habe ich vor allem deshalb gesagt, weil das meine Hauptsorge und zu der Zeit unsere gemeinsame Lieblingsbeschäftigung war und er ja auch kein Mädel mehr mitnehmen konnte. Und was soll ich Ihnen sagen? Wenige Tage später hatte er sich eine Einkommensquelle erschlossen und zog aus. Er schuldet mir heute noch Geld. Schönen Gruß.

Diese Art der sozialen Kontrolle fehlt dem Staat. Er kennt die Leute nicht, die Transferleistungen von ihm wollen. Deshalb stellt er alle möglichen zum Teil sinnvollen, aber auch sinnlosen Regeln auf. Je genauer die Regeln sind, desto weltfremder sind sie. Je ungenauer sie sind, desto mehr Willkür herrscht.

Einen Freund eine Weile bei sich aufzunehmen, ist keine

große Sache. Der Gastgeber kauft halt das Essen für ihn mit und er hilft dafür im Haushalt. In einer PRG gäbe es genug Arbeitsplätze, so dass ein Aufenthalt immer nur vorübergehend wäre. Erster Ansprechpartner ist natürlich die Familie als wichtigster Sozialverband. Deshalb zerstört der Staat die Familie systematisch.

Aber mal ehrlich, selbst wenn jemand keine Familie mehr hat: Wer gar keine Freunde hat, die einen vorübergehend aufnehmen würden, der ist offenbar kein sehr netter Mensch. Warum sollen ihn dann Unbekannte durchfüttern? Außerdem sollten Sie bedenken, dass auch in Deutschland, einem der ausgebautesten Wohlfahrtsstaaten der Welt, über 300.000 Menschen obdachlos sind[137], nach anderen Schätzungen sogar mehr. Offensichtlich kann auch ein Staat das nicht verhindern.

Es wird immer Menschen geben, die aus welchen Gründen auch immer, nicht auf die Beine kommen. Die Frage ist, wie gehen wir damit um? Der Staat kann es offenbar nicht. Diese Obdachlosen zu versorgen, kostet weniger als heute schon gespendet wird. Das Geld fließt heute nur meist ins Ausland, weil der Staat die Illusion erzeugt, er würde sich schon um alle kümmern.

Die einzige Lösung

Sie sollten jetzt nicht nur verstanden haben, dass eine Privatrechtsordnung funktionieren würde. Sie sollten vor allem begreifen, dass die Abschaffung des Staates *die einzige Lösung ist*. Jeder Staat artet irgendwann aus. Selbst wenn die weisesten und gutherzigsten Menschen an der Spitze des Staates stünden, könnte es nicht funktionieren. Selbst der weiseste Herrscher kann nicht wissen, wie viele Ressourcen er auf welches Problem verwenden soll. Ludwig von Mises und Nobelpreisträger Friedrich August von Hayek haben bereits nachgewiesen, warum der Sozialismus nicht funktionieren kann: Weil keine Marktpreise existieren, die zeigen, welche Güter knapp sind.

Das gilt natürlich auch für das Gut Sicherheit. Ein Staat kann die Ressourcen nicht effizient verteilen, also auch nicht wirklich für Sicherheit sorgen. Um Ihnen diesen recht technischen Ausdruck von der effizienten Ressourcenverteilung noch etwas konkreter zu erklären, liefere ich noch ein Beispiel, das in noch nicht so erschlossenen Entwicklungsländern besonders auffällt, aber überall gilt:

Wenn irgendwo ein neues Gebäude oder ein Wohnkomplex hochgezogen wird, siedeln sich in dem Gebiet sofort Geschäfte an: Supermärkte, Friseurläden, Schreibwarengeschäfte und so weiter. Ist der Friseur beispielsweise ständig ausgebucht, macht sich vielleicht einer der Mitarbeiter selbstständig oder ein neuer entdeckt die Lage für sich. Es kommen weitere Friseure hinzu. Irgendwann geht einer pleite, weil zu ihm zu wenige Kunden kommen. Es gibt nur eine begrenzte Anzahl von ihnen. Das meinen Ökonomen, wenn sie davon sprechen, dass die Preise Knappheit anzeigen.

Der schlechteste oder zu spät gekommene Friseur kann seine Preise nicht mehr durchsetzen, also gibt er auf. Die Kunden bekommen von diesen Prozessen wenig mit. Sie sehen nur, dass in ihrer Nähe immer ein Friseur ist. So funktioniert jeder Markt. Außerdem wird hier auch klar, wie schädlich ein flächendeckender Mindestlohn ist. Im Osten verdienen Friseure weniger als der aktuelle Mindestlohn. Ohne Steuern, Abgaben und Inflation bliebe ihnen etwa das Dreifache. So aber verschwinden Arbeitsplätze einfach, weil diejenigen, die es sich nicht leisten können, einfach seltener zum Friseur gehen oder sich die Haare selber schneiden.

Wenn Sie jemandem gegenüber sitzen, den Sie vom Wert einer staatenlosen Gesellschaft überzeugen wollen, fragen Sie ihn einfach, woher all die schönen Dinge kommen, die er besitzt: Sein Hemd, seine Hose, seine Uhr, sein Handy, seine Sonnenbrille, sein Auto. Frau Merkel hat keinen Befehl dazu gegeben, ihn mit diesen Dingen zu versorgen.

Picken Sie sich ein Produkt heraus, das von einem besonders großen Konzern hergestellt wird, beispielsweise den Handyhersteller. Es handelt sich sicherlich um einen Milliardenkonzern. Fragen Sie Ihren Bekannten, ob ihn der Konzern dazu gezwungen hat, das Gerät zu kaufen. Wenn er verneint, fragen Sie ihn, warum nicht? Wo doch nach der vorherrschenden linken Ideologie dieser Milliardenkonzern so furchtbar mächtig sein müsste, dass er alles machen könnte. Er kann es eben nicht. Nur der Staat kann ihn dazu zwingen, bestimmte Waren, wie etwa überteuerten Windmühlenstrom, zu kaufen.

Jetzt muss Ihr Gegenüber nur noch die Transferleistung hinbekommen, diese Erkenntnis auf den Markt für Sicherheit zu übertragen. Zumindest dürften Sie einen an gesellschaftlichen Fragestellungen interessierteren Zeitgenossen neugierig genug gemacht haben, um sich mit dem bösen Thema Anarchie zu beschäftigen. Er ist reif für dieses oder andere Bücher über eine Privatrechtsordnung.

Vielleicht will Ihr Gegenüber eines der folgenden Ziele verwirklichen:

Mehr Sicherheit, besserer Umweltschutz, größerer Wohlstand, weniger Armut, keine Kriege mehr, mehr natürliche Heilmittel, höhere Strafen für bösartige Konzerne, besserer Schutz von Kindern, effektiverer Schutz von Tieren, die Macht des Establishments brechen, den tiefen Staat verschwinden lassen, keine Steuern, keine Zwangsgebühren, weniger Propaganda, weniger Lügen, weniger Terror, keine unkontrollierte Masseneinwanderung, eine friedliche Kultur oder einfach nur in Ruhe gelassen werden.

Sagen Sie ihm, dass es dafür nur eine Lösung gibt: Eine natürliche Ordnung, von Menschen für Menschen, die sich freiwillig auf etwas einigen. Krawallmacher sind chancenlos.

Technologien der Zukunft

Es gibt viele historische Beispiele von funktionierenden Privatrechtsordnungen, aber eines ist klar: Heute würde eine PRG dank der Technologie noch viel besser funktionieren. Handys könnten zum Beispiel eine App bereitstellen, wo Sie auf Knopfdruck ein Verbrechen filmen und melden können. Die App könnte automatisch einen Alarm aussenden, wenn Sie in Gefahr geraten. Solche Anwendungen gibt es heute schon.

Ähnliches gilt, wenn Sie denken, einen gesuchten Verbrecher entdeckt zu haben. Sie könnten ihn fotografieren und das Bild in die App zum Download für den Sicherheitsdienstleister hochladen. Auf öffentlichen Netzwerken sollten Sie so ein Bild nicht hochladen, denn Sie haften auch dafür, wenn Sie einen Unschuldigen in Schwierigkeiten bringen. Daher würde Ihre Versicherung verlangen, dass Sie die Daten nur Profis zur Verfügung stellen.

Jede Technik kann zum Guten wie zum Bösen eingesetzt werden. Sie sollten jetzt erkannt haben, wie der Wettbewerb um freiwillig zahlende Kunden dazu führt, dass die Technologie vor allem zum Guten eingesetzt werden würde. Die Informationstechnologie würde außerdem dazu führen, dass viel mehr Menschen viel schneller von guten Lösungen erfahren würden. Wenn es beispielsweise noch Staaten gäbe, aber sich ein kleines Gebiet bereits in eine funktionierende Privatrechtsordnung verwandeln würde, würde diese Information auch ohne Massenmedien um die Welt gehen.

Nur die Wahrheit zählt

Habe ich Ihnen zu viel versprochen? Ich habe Sie nicht mit moralischen und philosophischen Fragen gequält. Sie können alles mit dem eigenen gesunden Menschenverstand nachvollziehen, ohne Volkswirtschaft studiert zu haben. Wir leben in einer Zeit des Relativismus, aber es gibt ultimative Wahrheiten. Es gibt drei Arten von Aussagen, solche die wahr sind, solche die falsch sind und empirische Aussagen. Falsche und empirische Aussagen sind wertlos. Beispielsweise die Aussage, 35 Prozent der Menschen bevorzugen Stühle aus Holz. Die Erhebung dieser Daten kann falsch sein. Die Meinung kann sich ändern. Dem entgegen stehen Aussagen, die von sich heraus wahr sind, wie: Ein Gut, das ich heute verbrauche, kann ich morgen nicht mehr verbrauchen. Ein Schnitzel, das ich heute esse, kann ich morgen nicht mehr essen.

Meine Thesen beruhen auf einer solchen wahren Aussage: Der Richter darf nicht Konfliktpartei sein. Diese Aussage ist einfach wahr. Alles andere folgt daraus. Ich konnte alle Fragestellungen auf diese Grundaussage zurückführen, was dafür spricht, dass wir wirklich die Wurzel des Übels gefunden haben.

Um Ihnen ein Bild zu geben, was Sie erwartet: Als Krimifan können Sie sich eine Privatrechtsordnung so vorstellen: Der ermittelnde Detektiv ist so genial wie Columbo, Monk oder der Mentalist. Das Labor ist so gut wie bei CSI. Die psychologischen Fähigkeiten der Ermittler sind so gut so wie die der Behavioral Analysis Unit (BAU) von Criminal Minds. Das gibt es sonst nur im Fernsehen, aber bei im Wettbewerb stehenden Agenturen setzen sich genau diese Fähigkeiten durch. Staatliche Polizei hingegen können Sie mit der Kinoserie „Police Academy“ vergleichen.

Oder: Eine Privatrechtsordnung wäre so gut wie amerikanische Krimiserien im Vergleich zu deutschen. Bei letzteren gesteht der Täter in der Regel einfach. Kaum einmal wird ein Fall durch überragende logische Fähigkeiten in einem gut durchdachten Plot gelöst. Das Staatsfernsehen produziert ungefähr so gute Krimis wie der Staat Sicherheit. Der Tatort brachte es sogar fertig, mitten in der größten Verbrechenswelle von Ausländern, die die Bundesrepublik je gesehen hat, einen Krimi zu produzieren, in dem ein herzensguter Flüchtling das Opfer eines bösen Neonazi wurde. Das war sogar der linken Süddeutschen[138] zu viel Propaganda.

Um es mir mit meinen Münchner Filmfreunden nicht zu verderben, sei angefügt, dass die ideologische Prägung auch mit der staatlichen Filmförderung zu tun hat. Grundsätzlich hat sich die Qualität, vor allem im Kino, in den letzten Jahren schon stark verbessert, vermutlich auch, weil immer mehr Filmleute in Amerika arbeiten und sich dort ausbilden lassen. Dort ist kreatives Schreiben doch tatsächlich ein erlernbarer Beruf. Man mag es kaum glauben.

In Amerika gab es übrigens eine TV-Serie über einen Milliardär, der mit seinem Technologiekonzern die Polizeiarbeit in einem Distrikt in Chicago übernommen hat. Dort hat der Milliardär auch gleich eine App verbreiten lassen, mit der man Verbrechen melden konnte. Wohl aus politischer Korrektheit hat sich der Unternehmer in der Serie von einer hübschen gutmenschlichen Polizistin davon abbringen lassen, seine Leistungen allen Menschen anzubieten, weil ja dann nur „die Reichen" profitieren würden. In Hollywood sind selbst die Social Justice Warrior hübsch.

Die Serie mit dem (sehr schlecht gewählten) Namen APB wurde nach einer Staffel abgesetzt, obwohl sie nach meiner Meinung genauso gut gemacht war wie die meisten erfolgreichen amerikanischen TV-Serien. Das mag daran liegen, dass sofort jedem Zuschauer klar wurde, dass es besser wäre, die Polizeiarbeit von konkurrierenden Unternehmen erledigen zu lassen. Der Grundplot der Serie ist nämlich, dass der Bürgermeister zugesagt hat, dass der Milliardär auch andere Polizeidistrikte übernehmen könne, wenn er Erfolg hat. Damit erkennt der Zuschauer unmittelbar, dass ein privater Anbieter einen Anreiz hat, gut zu arbeiten.

Die Serie wurde übrigens von einem Artikel in der New York Times[139] vom 30. Juli 2015 inspiriert. Da geht es um einen wohlhabenden Unternehmer, der genau so ein Konzept im French Quarter von New Orleans umgesetzt hat. Sydney Torres stattete die Bürger mit einer App aus, in der Verbrechen gemeldet werden können, und sponserte eine private Polizei.

Der Artikel beginnt mit einem Beispiel, in der die private Eingreiftruppe innerhalb von zwei Minuten vor Ort war, verglichen mit durchschnittlich 28 Minuten, die die Polizei braucht. Die Anwohnerin, die die App benutzt hat, erklärt dem Reporter, warum: „Jeder in New Orleans weiß, dass es eine aussichtslose Sache ist, 911 zu wählen." Zusatzbemerkung: Die privaten Sicherheitsleute verdienen mehr als die staatlichen. Die Sicherheitsleute bekommen Belohnungen für erfolgreiche Einsätze, was genau das Konzept ist, das ich in diesem Buch beschreibe. Ich habe den Artikel erst am Ende des Buches entdeckt, aber es ist ja nur logisch, dass private Firmen genau so vorgehen würden.

Die Kriminalitätsraten im French Quarter sanken natürlich dramatisch und schon beschwerten sich Anwohner der anderen Gegenden, dass die Verbrecher jetzt bei ihnen ihr Unwesen treiben. Das ist genau der Zivilisierungsprozess, über den ich geschrieben habe. Würden die anderen Distrikte das Modell übernehmen, würden natürlich auch dort die Kriminalitätsraten sinken.

Tatsächlich hat der Unternehmer inzwischen zahlreiche Anfragen aus dem ganzen Land. Reich ist er übrigens mit einer Abfallfirma geworden. Da auch die staatliche Müllabfuhr in New Orleans ein Desaster war, hatte er angefangen, den Müll selber abzutransportieren. Eines Tages hat er seinen Namen auf die Laster geschrieben. Danach konnte er sich vor Aufträgen nicht mehr retten und wurde reich. So funktioniert er eben, der phöse, phöse Markt. Und für Leute, die nicht so schnell im Denken sind: Laut staatlichen Schulen ist die Müllabfuhr auch eine öffentliche Aufgabe, die nur der allgütige und allwissende Staat erledigen kann.

New Orleans ist kein Einzelfall. Immer öfter übernehmen private Firmen Polizeiarbeit[140]. Laut dem NY-Times Artikel gibt es in den USA schon dreimal mehr private Sicherheitskräfte als staatliche. Aber selbst in europäischen Ländern wie Norwegen oder Estland[141] gibt es heute schon mehr private Sicherheitsleute als staatliche Polizisten. Dass ich mit meinen Schätzungen, was private Sicherheit kostet, goldrichtig lag, zeigt das Beispiel Oakland[142]. Als dort die Kriminalitätsraten innerhalb von drei Jahren um 50 Prozent stiegen, hatten einige Bürger 2013 die Schnauze voll. Sie starteten eine Crowdfunding Kampagne, die innerhalb von zwei Tagen finanziert war und beauftragten eine private Firma damit, Streife zu laufen. Die Kosten: 50 US-Cent pro Tag und Bürger.

In Gated Communities sorgen schon lange private Firmen für Sicherheit. Der Hauptgrund für das Entstehen war die Unzufriedenheit der Bürger mit den öffentlichen Dienstleitungen. Richtig populär wurde das Konzept in den USA übrigens in den Achtziger Jahren. In Starret City[143], einem gigantischen Gebäudekomplex mit 20.000 Einwohnern, 5.500 Apartments und 57 Gebäuden wurden die Bewohner durch private Sicherheitsleute bewacht. Der Komplex liegt mitten im damals schlimmsten Abschnitt von Brooklyn, zu der Zeit ohnehin die Hochburg für Verbrechen in New York. Eine Studie von 1986 ergab, dass, obwohl die Bewohner Verbrechen häufiger meldeten als der Durchschnitt der Bevölkerung, es nur 6,57 Verbrechen pro tausend Einwohner gab, statt 49,86 in dem Distrikt, wo der Gebäudekomplex lag.

Nicht verwunderlich, setzen sich solche Konzepte zuerst dort durch, wo die Kriminalität am höchsten und damit die Not am größten ist. In Honduras machte der Präsident[144] 2017 Wahlkampf damit, Zonen zu schaffen, in denen private Unternehmen alles übernehmen, von der Polizei, der Strafverfolgung und den Gefängnissen bis hin zur Gerichtsbarkeit. Möglicherweise sehen wir den bald im Aufsichtsrat eines solchen Unternehmens.

Und wenn Sie jetzt immer noch skeptisch sind, dass irgendwelche Mafiafirmen irgendwann alles übernehmen: Nur zwei Prozent der Einheimischen in Deutschland werden jedes Jahr straffällig. Alle anderen haben ein Interesse daran, dass diese verfolgt werden und nicht Unschuldige. Das bedeutet, 98 Prozent der Menschen stimmen jeden Tag mit ihrem Geldbeutel ab, wer am besten für ihre Sicherheit sorgt, und Sie müssen darüber nicht einmal mit den Anderen debattieren.

Unternehmen lassen ihre Konflikte schon lange von privaten Gerichtsunternehmen entscheiden. Wieso sollte der einfache Mann das nicht dürfen? Auf den Philippinen habe ich in einer Strandbar einmal einen Australier kennengelernt, der auf dem Boot lebte. Er war der schweigsame Typ, also musste ich reden. Ich erklärte ihm das Konzept des neutralen Richters aus dem zweiten Kapitel und sagte, der Staat müsse daher weg. Er schaute mich an und sagte: „Du hast recht." Ich befürchtete, er hatte nur keine Lust auf eine Debatte und fragte nach:

„Glaubst Du mir wirklich? Was machst Du beruflich?"

Seine Antwort: „Ich handele Verträge für Unternehmen aus.“

Das nächste Bier ging auf mich.

Falls Sie immer noch einen Hauch von Illusion besitzen, dass es der Staat gut mit Ihnen meint, habe ich zum Abschluss für Sie einen faszinierenden Zahlenvergleich. In Dänemark ergab eine Studie[145] der Universität Kopenhagen, dass 75 Prozent der untersuchten, angeblich minderjährigen „Flüchtlinge“ in Wirklichkeit Erwachsene waren.

Mindestens 43 Prozent der angeblich minderjährigen „Flüchtlinge“ in Deutschland sind laut einer Quelle aus dem Familienministerium ebenfalls erwachsen. Wahrscheinlich sind es aber noch mehr, denn die FAZ[146] schreibt:

Nach Schätzungen von Betreuern dürften auch unter den als minderjährig eingestuften Migranten viele bereits volljährig sein, hieß es.

Im Durchschnitt (!) zahlen laut Zeit[147] vom 22. Februar 2017 deutsche Behörden nach Angaben des Familienministeriums monatlich 5.250 Euro pro als minderjährig eingestuften Flüchtling aus. Wohlgemerkt, das Geld wird zu einem Großteil für Leute aufgewendet, die schon illegal - über einen sicheren Drittstaat - eingereist sind, noch nie einen Cent einbezahlt und bei ihren Angaben auch noch betrogen haben, also kriminell sind. Wir erinnern uns, dass der Staat pro Bürger 50 Euro im Monat (mit Militär 80 Euro) für dessen Sicherheit ausgibt. Das heißt also: Für ausländische Kriminelle gibt der Staat einhundertmal so viel Geld aus wie für die Sicherheit eines rechtschaffenen einheimischen Bürgers, der brav seine Steuern zahlt. Immer noch Illusionen?

Halten wir also fest:

Der Staat beutet aus. Unternehmen schaffen Wohlstand. Demokratie ist Streit. Anarchie ist Harmonie. Der Staat ist Chaos. Anarchie ist Ordnung. Das ist die Wahrheit. Jetzt wissen Sie, warum Ihnen der Staat genau das Gegenteil erzählt. Das Lügen liegt in seiner Natur, wie schon Nietzsche erkannt hat, als er Zarathustra sprechen ließ:

Staat heisst das kälteste aller kalten Ungeheuer. Kalt lügt es auch; und diese Lüge kriecht aus seinem Munde: »Ich, der Staat, bin das Volk.«

Lüge ist's! Schaffende waren es, die schufen die Völker und hängten einen Glauben und eine Liebe über sie hin: also dienten sie dem Leben.

Vernichter sind es, die stellen Fallen auf für Viele und heissen sie Staat: sie hängen ein Schwert und hundert Begierden über sie hin.

Wo es noch Volk giebt, da versteht es den Staat nicht und hasst ihn als bösen Blick und Sünde an Sitten und Rechten.

Dieses Zeichen gebe ich euch: jedes Volk spricht seine Zunge des Guten und Bösen: die versteht der Nachbar nicht. Seine Sprache erfand es sich in Sitten und Rechten.

Aber der Staat lügt in allen Zungen des Guten und Bösen; und was er auch redet, er lügt – und was er auch hat, gestohlen hat er's.

1 https://www.oliverjanich.de/

2 https://de.statista.com/statistik/daten/studie/152583/umfrage/entwicklung-der-polizeilichen-aufklaerungsquoten-bei-wohnungseinbruchdiebstahl-seit-1995/

3 https://wp.me/p74DFU-3N7

4 www.journalistenwatch.com/2017/11/23/nikolaus-fuer-vergewaltiger/

5 www.bbc.com/news/uk-39112911

6 www.journalistenwatch.com/2017/09/19/bka-vertuscht-straftaten-von-600-000-fluechtlingen/

7 www.spiegel.de/spiegel/jens-gnisa-chef-des-deutschen-richterbunds-ueber-seine-zweifel-am-rechtsstaat-a-1162459.html

8 https://www.amazon.de/exec/obidos/ASIN/3451377292/wwwoliverjani-21

9 www.hanshoppe.com/translations/staat-oder-privatrechtsgesellschaft-german/

10 www.focus.de/immobilien/mieten/zweckentfremdung-stadt-muenchen-verhaengt-bis-zu-500-000-euro-strafe_id_7898521.html

11 https://www.amazon.de/exec/obidos/ASIN/389879718X/wwwoliverjani-21

12 https://www.oliverjanich.de/warum-es-in-einer-marktwirtschaft-keine-arbeitslosigkeit-geben-kann

13 https://mises.org/library/privatization-roads-and-highways

14 https://mises.org/library/not-so-wild-wild-west

15 https://www.destatis.de/DE/ZahlenFakten/GesellschaftStaat/Gesundheit/Todesursachen/Todesursachen.html

16 www.maz-online.de/Lokales/Brandenburg-Havel/Sex-mit-Gewalt-aber-keine-Vergewaltigung

17 www.achgut.com/artikel/entschuldige_bitte_lieber_vergewaltiger

18 https://www.theguardian.com/drug-treatment/drugs-and-crime

19 www.focus.de/politik/deutschland/tid-34723/berliner-oberstaatsanwalt-ueber-seine-erfahrungen-junge-arabischstaemmige-gewalttaeter-verachten-unser-land_aid_1161858.html

20 www.radiobremen.de/nachrichten/kurz_notiert/kunobrutalerautofahrer100.html

21 www.n-tv.de/politik/Behoerden-fragen-deutlich-mehr-Konten-ab-article19927342.html

22 file:///Users/oliverjanich/Downloads/The Private Production of Defense_3.pdf

23 www.spiegel.de/wissenschaft/mensch/todesstrafe-in-den-usa-vier-prozent-der-verurteilten-sind-unschuldig-a-966621.html

24 https://www.gesetze-im-internet.de/gg/art_16a.html

25 wemepes.ch/pdf/Klage-Lissabon-Vertrag.pdf

26 www.spiegel.de/politik/deutschland/bundesverfassungsgericht-erklaert-wahlrecht-fuer-verfassungswidrig-a-846221.html

27 www.spiegel.de/politik/deutschland/bundestag-was-sind-ueberhangmandate-und-ausgleichsmandate-a-1169792.html

28 https://www.amazon.de/exec/obidos/ASIN/3898798208/wwwoliverjani-21

29 www.zeit.de/gesellschaft/zeitgeschehen/2017-04/nsu-mord-kassel-andreas-temme-verfassungsschutz-halit-yozgat

30 https://www.welt.de/politik/article13717128/Agent-soll-bei-Morden-in-Tatortnaehe-gewesen-sein.html

31 www.sueddeutsche.de/politik/nsu-prozess-leise-rieselt-der-staub-1.3570171

32 https://de.wikipedia.org/wiki/Kachelmann-Prozess

33 www.ndr.de/nachrichten/hamburg/G20-95-Ermittlungsverfahren-gegen-Polizisten-,gipfeltreffen666.html

34 www.zeit.de/online/2008/27/jasmin-chronik

35 https://de.wikipedia.org/wiki/Sachsensumpf

36 https://www.youtube.com/watch?v=KWiQijckYKM

37 https://de.wikipedia.org/wiki/Marc_Dutroux

38 https://de.wikipedia.org/wiki/Franklin-Cover-Up-Skandal

39 https://www.amazon.com/Franklin-Cover-up-Satanism-Murder-Nebraska/dp/0963215809

40 https://www.blick.ch/news/ausland/grossbritannien-unter-schock-261-promis-in-paedo-skandal-verwickelt-id3779191.html

41 www.zeit.de/gesellschaft/zeitgeschehen/2014-08/rotherham-sexueller-missbrauch-grossbritannien

42 https://en.wikipedia.org/wiki/Rotherham_child_sexual_exploitation_scandal

43 http://educate-yourself.org/tg/

44 http://gagmbh.de/Impressum.html

45 https://www.youtube.com/watch?v=WO-krV5R0sw&feature=youtu.be

46 https://www.welt.de/politik/article159656091/Paedophilenring-zeigte-Vergewaltigung-von-Kindern-live.html

47 https://de.statista.com/statistik/daten/studie/38415/umfrage/sexueller-missbrauch-von-kindern-seit-1999/

48 www.spiegel.de/lebenundlernen/schule/betreutes-wohnen-mehr-kinder-kommen-ins-heim-a-857864.html

49 www.gfk.com/de/insights/press-release/spendenaufkommen-2016-unter-vorjahr-aber-mit-rekord-im-dezember/

50 www.ndr.de/nachrichten/schleswig-holstein/Prozess-um-Tod-des-kleinen-Juri-hat-begonnen,kind576.html

51 https://de.wikipedia.org/wiki/Mordfall_Jessica

52 www.spiegel.de/sptv/a-282407.html

53 www.bild.de/regional/hamburg/kindesmord/tot-in-muemmelmannsberg-33910730.bild.html

54 https://anwaltauskunft.de/magazin/leben/ehe-familie/rassismus-und-kindererziehung-droht-verlust-des-umgangsrechtes

55 https://www.welt.de/finanzen/verbraucher/article146904927/Nach-Hetze-ist-das-Umgangsrecht-in-Gefahr.html

56 https://www.oliverjanich.de/skandalurteil-6-monate-haft-fuer-menschlichkeit-jo-conrad-im-gespraech

57 https://board.freedomainradio.com/topic/44011-youtube-the-truth-about-single-moms/

58 https://www.oliverjanich.de/warum-das-bedingungslose-grundeinkommen-nicht-funktionieren-kann

59 https://de.wikipedia.org/wiki/Staatsquote

60 www.spiegel.de/wissenschaft/natur/tiertransporte-eu-will-umstrittene-subventionen-streichen-a-392201.html

61 https://www.scheidung.org/ehevertrag-sittenwidrig/

62 www.versicherungsgesetze.de/

63 www.sueddeutsche.de/wirtschaft/versicherungswirtschaft-allianz-steigert-marktanteil-1.3666581

64 https://de.wikipedia.org/wiki/Nokia

65 https://www.wired.com/2013/04/gov-secrecy-orders-on-patents/

66 https://www.express.co.uk/news/world/644439/CIA-heart-attack-gun-Mary-Embree-Frank-Church-William-Colby

67 https://de.wikipedia.org/wiki/Ausländerkriminalität

68 https://www.abendblatt.de/kultur-live/tv-und-medien/article208903571/Sind-Auslaender-krimineller-ZDF-Doku-verspricht-Fakten-Check.html

69 www.zeit.de/gesellschaft/zeitgeschehen/2017-08/statistisches-bundes-amt-migrationshintergrund-einwohner-deutschland

70 https://www.tag24.de/nachrichten/spd-thilo-sarrazin-ueber-die-afd-inter-view-344922

71 www.focus.de/politik/deutschland/tid-34723/berliner-oberstaatsanwalt-ue-ber-seine-erfahrungen-junge-arabischstaemmige-gewalttaeter-verachten-un-ser-land_aid_1161858.html

72 www.focus.de/politik/videos/justizministerin-besorgt-deutsch-mu-tiert-in-gefaengnissen-zur-fremdsprache_id_7150532.html

73 https://www.express.co.uk/news/world/741840/Outrage-as-migrant-rapes-soar-by-133-in-just-ONE-YEAR

74 https://de.gatestoneinstitute.org/5223/schweden-vergewaltigung

75 https://jungefreiheit.de/kolumne/2011/vergewaltigungen-in-oslo/

76 https://www.oliverjanich.de/bka-zahlen-asylan-ten-426-mal-so-viel-4160-prozent-mehr-an-gruppenvergewaltigungen-beteiligt

77 https://www.fischundfleisch.com/ineslaufer/die-fluechtlings-kriminali-taet-zwischen-fakten-und-medienluegen-35420

78 https://www.projectescape.de/

79 https://www.amazon.de/exec/obidos/ASIN/B009G9T3Q8/wwwoliver-jani-21

80 https://mises.org/library/case-free-trade-and-restricted-immigration-0

81 www.hanshoppe.com/wp-content/uploads/publications/trans/ef58.pdf

82 www.faz.net/aktuell/wirtschaft/versicherungen-eugh-verlangt-gleiche-tari-fe-fuer-maenner-und-frauen-1608008.html

83 https://www.amazon.de/exec/obidos/ASIN/B0192AEBWQ/wwwoliverjani-21

84 derprophet.info/inhalt/das-leben-mohammeds-htm/

85 https://www.welt.de/regionales/hamburg/article151097419/Extrem-fordernd-unzuverlaessig-und-aufdringlich.html

86 englisch.bildung-rp.de/fileadmin/user_upload/englisch.bildung-rp.de/DRIWP02.pdf

87 https://sourcebooks.fordham.edu/mod/1871britishrule.asp

88 https://www.laenderdaten.info/Religionen/Islam.php

89 www.focus.de/politik/deutschland/anonymer-brief-lka-beamter-warnt-berliner-polizei-wird-von-kriminellen-clans-unterwandert_id_7794757.html

90 https://www.rbb24.de/politik/beitrag/2017/11/polizeischueler-berlin-eingeklagt-ausbildung-straffaellig.html

91 https://en.wikipedia.org/wiki/J._Edgar_Hoover#Response_to_Mafia_and_civil_rights_groups

92 https://de.wikipedia.org/wiki/Kategorie:Freimaurer_(Vereinigte_Staaten)

93 www.nytimes.com/1993/12/03/opinion/03iht-edlarry.html

94 www.focus.de/politik/deutschland/organisierte-kriminalitaet-arabische-clans-vermieten-immobilien-zu-horrenden-preisen-an-fluechtlinge_id_5087428.html

95 www.peterleeson.com/Pirates__Prisoners__and_Preliterates.pdf

96 www.dailymail.co.uk/news/article-3546081/Mafia-declares-WAR-migrants-Sicilian-gangster-shoots-innocent-Gambian-head-amid-soaring-levels-migration-Italy-mayor-saying-Sicily-s-capital-no-longer-European.html

97 www.mirror.co.uk/news/uk-news/how-secret-group-freemasons-kept-6886802

98 www.dailymail.co.uk/news/article-528751/Freemasons-open-lodge-Buckingham-Palace--Queen-isnt-amused.html

99 www.dailymail.co.uk/news/article-3006218/Mystery-royal-suspected-paedophile-ring-investigated-Scotland-Yard-inquiry-shut-national-security-reasons.html

100 https://www.bundeskanzlerin.de/ContentArchiv/DE/Archiv17/Artikel/2011/01/2011-01-13-merkel-europapreis.html

101 freimaurer-wiki.de/index.php/Axel_Springer

102 https://www.clubofrome.org/member/liz-mohn/

103 www.spiegel.de/wirtschaft/unternehmen/familien-rockefeller-und-rothschild-verwalten-gemeinsam-vermoegen-a-835972.html

104 www.israelnationalnews.com/News/News.aspx/171292

105 https://de.wikipedia.org/wiki/Kategorie:Träger_des_Order_of_Merit

106 https://en.wikipedia.org/wiki/List_of_Knights_Grand_Cross_of_the_Order_of_the_British_Empire

107 www.sueddeutsche.de/bayern/fall-mollath-nuernbergs-seltsame-rotarier-1.1688300

108 www.spiegel.de/spiegel/print/d-14019756.html

109 https://noerdlingen.rotary.de/

110 https://rotary.de/autor/horst-seehofer-714.html

111 https://mdl-beate-merk.de/

112 www.sueddeutsche.de/bayern/gustl-mollath-frei-die-zynischen-saetze-der-beate-merk-1.1740239

113 www.handelsblatt.com/politik/deutschland/fragwuerdiges-aerzte-abrechnungssystem-csu-ministerin-koennte-ueber-labor-affaere-stolpern/9863836.html

114 https://rotary.de/gesundheit/die-arbeit-ist-viel-intensiver-a-7853.html

115 https://rotary.de/clubs/distriktberichte/eine-herzwerkerin-a-5086.html

116 www.spiegel.de/forum/panorama/unterbringung-psychiatrie-verfassungsgericht-verlangt-auskunft-im-fall-mollath-thread-93742-9.html

117 https://de.wikipedia.org/wiki/Internationale_statistische_Klassifikation_der_Krankheiten_und_verwandter_Gesundheitsprobleme

118 https://www.oliverjanich.de/wichtige-texte-als-pdf

119 www.bbc.com/news/magazine-17272611

120 www.spiegel.de/wissenschaft/natur/geoengineering-finger-weg-vom-thermostat-a-1171375.html

121 www.europarl.europa.eu/sides/getDoc.do?pubRef=-//EP//TEXT+REPORT+A4-1999-0005+0+DOC+XML+V0//DE#Contentd374406e958

122 www.faz.net/aktuell/wirtschaft/unternehmen/muenchener-rueck-manager-hoeppe-strom-aus-der-sahara-ist-eine-grosse-idee-1811073-p3.html

123 https://www.oliverjanich.de/10-000-euro-zu-gewinnen-die-klimawette

124 https://www.academics.de/wissenschaft/position-beziehen-physikochemiker-reinhard-zellner_57189.html

125 https://en.wikiquote.org/wiki/Nineteen_Eighty-Four

126 https://www.wired.com/2013/04/gov-secrecy-orders-on-patents/

127 https://www.oliverjanich.de/wp-content/uploads/2016/01/NEUZEIT-Magazin-Leseprobe-Oliver-Janich.pdf

128 https://www.amazon.de/exec/obidos/ASIN/3864451167/wwwoliverjani-21

129 https://en.wikipedia.org/wiki/Church_Committee

130 https://www.amazon.de/Demokratie-Gott-keiner-Hans-Hermann-Hoppe/dp/3933497868/ref=sr_1_1?s=books&ie=UTF8&qid=1512055099&sr=1-1&keywords=Demokratie.+Der+Gott%2C+der+keiner+ist

131 https://www.amazon.de/exec/obidos/ASIN/3898797120/wwwoliverjani-21

132 https://www.fraserinstitute.org/studies/economic-freedom-of-the-world-2017-annual-report

133 https://www.oliverjanich.de/warum-das-bedingungslose-grundeinkommen-nicht-funktionieren-kann

134 https://www.oliverjanich.de/plan-m-muenchen-soll-unabhaengig-werden

135 www.misesde.org/

136 https://mises.org/

137 www.deutschlandfunk.de/sozialstatistik-immer-mehr-obdachlose-in-deutschland.1818.de.html?dram:article_id=373118

138 www.sueddeutsche.de/medien/tatort-nachlese-der-moerder-ist-immer-der-rechtsextreme-1.3322089

139 https://www.nytimes.com/2015/08/02/magazine/who-runs-the-streets-of-new-orleans.html

140 https://wiki.mises.org/wiki/Private_police

141 https://wiki.mises.org/wiki/Private_police#cite_note-COESS_private-12

142 www.sfgate.com/crime/article/More-in-Oakland-relying-on-private-security-4815336.php#page-1

143 https://wiki.mises.org/wiki/Private_police#cite_note-Benson_Benefits-3

144 https://www.nzz.ch/international/wenn-unternehmer-sich-selbst-verwalten-sollen-ld.1332103

145 www.heute.at/welt/news/story/75-Prozent-der--minderjaehrigen--Fluechtlinge-sind-erwachsen-31871625

146 www.faz.net/aktuell/politik/inland/fluechtlinge-viele-angeblich-minderjaehrige-sind-ueber-18-jahre-15305789.html

147 www.zeit.de/gesellschaft/zeitgeschehen/2017-02/migration-unbegleitete-minderjaehrige-fluechtlinge-kosten

Oliver Janich, geb. am 03. Januar 1969 in München, arbeitet als investigativer Journalist und Buchautor.

Er hat für die drei größten Verlage in Deutschland gearbeitet, unter anderem für die Publikationen Financial Times Deutschland, Süddeutsche Zeitung und Focus Money. Seine ersten beiden Bücher „Das Kapitalismus Komplott“ und „Die Vereinigten Staaten von Europa“ waren Bestseller. Sie wurden von Prominenten wie dem Sänger Xavier Naidoo, der Kabarettistin Lisa Fitz und der Golden Globe-Gewinnerin Christine Kaufmann gelobt. Anerkennung fand er auch in der Fachwelt von führenden Ökonomen der Österreichischen Schule, wie Hans-Hermann Hoppe, Thorsten Polleit, Jörg Guido Hülsmann sowie dem bekannten Fernsehanwalt und Richter am Anwaltsgericht, Carlos Gebauer.

www.oliverjanich.de